103 FUNDRAISING-IDEEN FÜR FREIWILLIGE ELTERN MIT SCHULEN UND TEAMS

Cathy McGough

Stratford Living Publishing

Inhalt

Widmung	XI
INSPIRATION	XIII
INSPIRATION	XV
EINFÜHRUNG	XVII
VORWORT	XIX
INSPIRATION	XXI
LASSEN SIE UNS LOSLEGEN	1
VORAUSBLICK	2
FINANZZIELE	3
AUFSCHLÜSSELN	4
VERGESSEN SIE NICHT...	8
ICH KOMME MIT EIN WENIG HILFE ZURECHT	10
LEADERSHIP	14
ROLLE SPIELEN	16
WAS IST FÜR MICH DRIN?	18
AN UNTERNEHMEN HERANTRETEN	20

VISION	22
UM HILFE BITTEN	24
MEHR FÜHRUNG	26
TAG DER ANERKENNUNG VON FREIWILLIGEN	30
SICH ENGAGIEREN	32
VOR DER SITZUNG	34
TEAMS	36
MEETINGS	38
KUDOS!	40
DAS GROSSE GANZE	42
TROMMELWIRBEL	56
1. 103 FUNDRAISING-IDEEN	57
FUNDRAISING-IDEEN	61
2. FUNDRAISING-IDEEN	80
3. FUNDRAISING-IDEEN	83
4. FUNDRAISING-IDEEN	84
5. FUNDRAISING-IDEEN	85
6. FUNDRAISING-IDEEN	87
7. FUNDRAISING-IDEEN	88
8. FUNDRAISING-IDEEN	89
9. FUNDRAISING-IDEEN	90
10. FUNDRAISING-IDEEN	93
11. FUNDRAISING-IDEEN	95

12. FUNDRAISING-IDEEN 97

13. FUNDRAISING-IDEEN 99

14. FUNDRAISING-IDEEN 100

15. FUNDRAISING-IDEEN 101

16. FUNDRAISING-IDEEN 102

17. FUNDRAISING-IDEEN 103

18. FUNDRAISING-IDEEN 104

19. FUNDRAISING-IDEEN 105

20. FUNDRAISING-IDEEN 106

21. FUNDRAISING-IDEEN 108

22. FUNDRAISING-IDEEN 109

23. FUNDRAISING-IDEEN 111

24. FUNDRAISING-IDEEN 113

25. FUNDRAISING-IDEEN 115

26. FUNDRAISING-IDEEN 117

27. FUNDRAISING-IDEEN 119

28. FUNDRAISING-IDEEN 120

29. FUNDRAISING-IDEEN 121

30. FUNDRAISING-IDEEN 123

31. FUNDRAISING-IDEEN 124

32. FUNDRAISING-IDEEN 126

33. FUNDRAISING-IDEEN 127

34. FUNDRAISING-IDEEN 129

35. FUNDRAISING-IDEEN 131

36. FUNDRAISING-IDEEN 132
37. FUNDRAISING-IDEEN 133
38. FUNDRAISING-IDEEN 134
39. FUNDRAISING-IDEEN 136
40. FUNDRAISING-IDEEN 137
41. FUNDRAISING-IDEEN 139
42. FUNDRAISING-IDEEN 140
43. FUNDRAISING-IDEEN 142
44. FUNDRAISING-IDEEN 147
45. FUNDRAISING-IDEEN 150
46. FUNDRAISING-IDEEN 152
47. FUNDRAISING-IDEEN 154
48. FUNDRAISING-IDEEN 156
49. FUNDRAISING-IDEEN 157
50. FUNDRAISING-IDEEN 160
51. FUNDRAISING-IDEEN 162
52. FUNDRAISING-IDEEN 163
53. FUNDRAISING-IDEEN 165
54. FUNDRAISING-IDEEN 167
55. FUNDRAISING-IDEEN 168
56. FUNDRAISING-IDEEN 169
57. FUNDRAISING-IDEEN 170
58. FUNDRAISING-IDEEN 172
59. FUNDRAISING-IDEEN 174

60. FUNDRAISING-IDEEN   176

61. FUNDRAISING-IDEEN   178

62. FUNDRAISING-IDEEN   179

63. FUNDRAISING-IDEEN   181

64. FUNDRAISING-IDEEN   183

65. FUNDRAISING-IDEEN   184

66. FUNDRAISING-IDEEN   185

67. FUNDRAISING-IDEEN   187

68. FUNDRAISING-IDEEN   188

69. FUNDRAISING-IDEEN   190

70. FUNDRAISING-IDEEN   192

71. FUNDRAISING-IDEEN   193

72. FUNDRAISING-IDEEN   195

73. FUNDRAISING-IDEEN   197

74. FUNDRAISING-IDEEN   199

75. FUNDRAISING-IDEEN   201

76. FUNDRAISING-IDEEN   203

77. FUNDRAISING-IDEEN   204

78. FUNDRAISING-IDEEN   206

79. FUNDRAISING-IDEEN   208

80. FUNDRAISING-IDEEN   210

81. FUNDRAISING-IDEEN   212

82. FUNDRAISING-IDEEN   214

83. FUNDRAISING-IDEEN   215

84. FUNDRAISING-IDEEN 216

85. FUNDRAISING-IDEEN 218

86. FUNDRAISING-IDEEN 219

87. FUNDRAISING-IDEEN 220

88. FUNDRAISING-IDEEN 221

89. FUNDRAISING-IDEEN 223

90. FUNDRAISING-IDEEN 225

91. FUNDRAISING-IDEEN 228

92. FUNDRAISING-IDEEN 229

93. FUNDRAISING-IDEEN 232

94. FUNDRAISING-IDEEN 233

95. FUNDRAISING-IDEEN 235

96. FUNDRAISING-IDEEN 236

97. FUNDRAISING-IDEEN 237

98. FUNDRAISING-IDEEN 238

99. FUNDRAISING-IDEEN 240

100. FUNDRAISING-IDEEN 241

101. FUNDRAISING-IDEEN 242

102. FUNDRAISING-IDEEN 244

103. FUNDRAISING-IDEEN 246

INSPIRATION 247

INSPIRATION 248

DANKSAGUNGEN 249

INSPIRATION 250

INSPIRATION   251

ÜBER DEN AUTOR   253

ANDERE BÜCHER BY CATHY   255

Widmung

An all die wunderbaren freiwilligen Eltern...
DU ROCKST!
Gemeinsam lassen wir jeden Tag Magie geschehen.

INSPIRATION

"Es sei denn, jemandem wie Ihnen liegt sehr viel daran,
wird nichts besser werden.
Das ist es nicht."
Dr. Seuss
"Freiwillige sind die einzigen menschlichen Wesen auf der
Welt
der Erde, die die Barmherzigkeit dieser Nation
widerspiegeln,
selbstlose Fürsorge, Geduld,
und einfach nur einander zu lieben."
Erma Bombeck
"Große Dinge werden durch eine Reihe von kleinen
Dingen erreicht, die zusammengebracht werden."
Vincent Van Gogh

INSPIRATION

"Wir leben von dem, was wir bekommen, aber wir leben
auch von dem, was wir bekommen.
durch das, was wir geben."
Winston Churchill
"Niemand ist nutzlos in dieser Welt der die Last eines
anderen erleichtert".
Charles Dickens
"Wenn man von sich selbst gibt, gibt man wirklich."
Khalil Gibran
"Ich allein kann die Welt nicht verändern, aber ich kann
die
einen Stein über das Wasser, um viele Wellen zu schlagen."
Mutter Teresa

EINFÜHRUNG

Cathy McGough ist eine preisgekrönte Fundraiserin, die das kombinierte Team von Mitarbeitern und Freiwilligen bei Lifeline Sydney und Sutherland (Sydney, NSW, Australien) bei zwei erfolgreichen, preisgekrönten Kampagnen geleitet hat.

1/ 2008 City of Sydney Charity of the Year Business Award

2/ Gewinner der Mental Health Association NSW Inc. in der Kategorie Nichtregierungs- oder Gemeinschaftsorganisation 2008 - Mental Health Matters Awards.

Cathy arbeitete auch unermüdlich als Leiterin und Mitglied von Fundraising-Organisationen zur Unterstützung von Schulen (von der Vorschule bis zur High School) sowie zur Unterstützung von Sportteams. Sie weiß genau, wie zeitaufwendig und aufregend diese Erfahrung sein kann. Sie bietet Ratschläge, Pläne und 103 Fundraising-Ideen, um Ihnen zu helfen und Sie zu inspirieren.

Dieses Buch gewann den 3. Platz bei den SIBA Awards 2016 von Metamorph Publishing in der Kategorie "Best Reference".

Weitere   Informationen   über   Cathys
Fundraising-Karriere finden Sie auf LinkedIn.

VORWORT

Liebe *Eltern, Freunde und Freiwillige,*
Ich habe dieses Buch geschrieben, um Eltern zu helfen, die nach Möglichkeiten suchen, zur Bildung ihrer Kinder beizutragen. Eltern, die in einer Vielzahl von Ausschüssen sitzen, sei es für Fußballmannschaften, Hockeyteams, Vorschulen, private oder öffentliche Schulen, und angesichts der allgemeinen Mittelkürzungen ist der einzige Weg, um die Mittel zu erhalten, die Ihre Kinder brauchen, um erfolgreich zu sein, die Zusammenarbeit von Lehrern/Trainern und Eltern in Ausschüssen und die Festlegung erreichbarer Ziele, damit Sie selbst das erforderliche Geld aufbringen können.

In der Vergangenheit konnten wir durch die Kombination vieler dieser Fundraising-Ideen unsere eigenen Erwartungen erreichen und manchmal sogar übertreffen. Hier ist eine Liste von Dingen, die wir im Laufe der Jahre als Gruppe erreichen konnten:

*Wir haben unsere Schulbibliothek neu bestückt.

*Wir haben das Teilzeitgehalt finanziert, damit unsere Schule eine Musiklehrerin bekommen konnte.

*Wir sammelten Geld für eine Aufrüstung der Schulcomputer.

*Wir haben Geld für eine Klimaanlage gesammelt.

*Wir haben Mittel für zusätzliche Lagerräume für die Schule gesammelt.

*Wir haben Mittel für notwendige Renovierungsarbeiten gesammelt.

*Wir haben jährliche Geschenke für die Abschlussklasse finanziert.

*Wir haben Geld für Musikinstrumente vor Ort gesammelt, um den Musiktee zu unterstützen.

*Wir sammelten Geld für einen Lehrer und Bretter für einen außerschulischen Schachclub.

*Wir haben Mittel für ein außerschulisches Sprachprogramm und einen Lehrer gesammelt.

*Wir haben Mittel für ein komplettes Schulfitnessprogramm gesammelt.

Die Liste lässt sich beliebig fortsetzen, und die Möglichkeiten sind nur durch Ihre eigene Vorstellungskraft begrenzt.

Lesen Sie weiter - 103 Fundraising-Ideen warten auf Sie!

Also, machen Sie weiter und sammeln Sie Spenden!

Ihr,

Cathy McGough

INSPIRATION

"Zweifeln Sie nie daran, dass eine kleine Gruppe von nachdenklichen,
Engagierte Bürger können die Welt verändern.
In der Tat ist es das Einzige, was es je gab."
Margaret Mead.
"Diejenigen, die Sonnenschein in das Leben der anderen bringen
können es nicht für sich behalten."
J. M. Barrie

LASSEN SIE UNS LOSLEGEN

ZIELE UND BUDGET

*"Achten Sie darauf, wohin Sie gehen, denn
Ohne Sinn kann man nichts erreichen."*
A. A. Milne

Als Spendensammler ist es Ihr Ziel, Geld für die Schule
oder die Mannschaft Ihres Kindes zu sammeln.

Zunächst müssen Sie wissen, welche Dienstleistungen
und/oder Upgrades erforderlich sind. Was ist Ihr
Gesamtziel? Wie wollen Sie es erreichen... mit minimalem
finanziellen Aufwand. Wie werden Sie die Vorlaufkosten
bewältigen? Zum Beispiel die Anmietung eines Saals für
eine Veranstaltung.

VORAUSBLICK

FESTLEGUNG VON ZIELEN

Der einfachste Weg, den Bedarf zu ermitteln, ist, sich mit dem Schulleiter oder dem Betreuer zu treffen und eine Wunschliste mit allem, was die Kinder brauchen, zu erstellen.

Seien Sie realistisch.

Vor allem, wenn dies das erste Jahr ist, in dem ein Team für die Spendensammlung zusammengestellt wurde.

Wenn dies nicht das erste Jahr ist, haben Sie eine Erfolgsbilanz (und Misserfolge), die Ihnen helfen wird, ein Budget für die Mittelbeschaffung zu erstellen.

FINANZZIELE

FUNDRAISING-BUDGET

Wie bei jedem anderen Haushaltsplan auch, müssen Sie alle Einzelkosten auflisten, einschließlich der Prognosen. Eine gute Budgetierung und Planung wird sicherstellen, dass Sie Ihre Ausgaben im Griff haben. Wenn Ihre Schule z.B. Artikel im Wert von 20.000,00 $ benötigt, würden Sie Veranstaltungen und soziale Aktivitäten planen und dafür jeweils Hochrechnungen erstellen.

Das mag überwältigend klingen - aber lesen Sie weiter, um konkrete Ideen zu erhalten, die Sie der Liste hinzufügen und in Ihr Budget einbauen können.

AUFSCHLÜSSELN

BUDGET UND ZIELE DER EINZELNEN VERANSTALTUNGEN

Während Sie die 103 Fundraising-Ideen durchgehen, notieren Sie sich, welche Ideen Ihrer Meinung nach in Ihrem Umfeld gut funktionieren würden. Wählen Sie die Ideen aus, die Sie begeistern und die sich gleichzeitig praktisch anfühlen, d. h. die funktionieren würden.

JEDES EREIGNIS AUFSCHLÜSSELN
Gliedern Sie jede Veranstaltung auf und erstellen Sie eine detaillierte Liste mit den voraussichtlichen Ausgaben, die Sie benötigen.

Es gibt viele KOSTENLOSE Websites im Internet, die Ihnen bei der Erstellung eines Budgets helfen, indem Sie eine Tabelle verwenden, um den Überblick zu behalten. Es ist wichtig, dass Sie es regelmäßig aktualisieren. Denken Sie daran: Je mehr Informationen Sie haben, desto besser.

Sobald Sie wissen, wohin Sie gehen, können Sie versuchen, Spenden für so viele Gegenstände wie möglich zu bekommen. Mehr dazu auch demnächst.

Ihr Schatzmeister sollte eine Richtlinie für alle Aspekte des Umgangs mit Geld bei Veranstaltungen aufstellen.

Mehr dazu später. Eine Aufschlüsselung dieser Bereiche finden Sie in der separaten Rubrik "Geld".

SPENDENAUFZEICHNUNGEN

Die meisten Eltern-Freiwilligen-Ausschüsse wechseln jährlich, da die Leiter für eine bestimmte Zeit gewählt werden.

Das sollte Sie aber nicht davon abhalten, sich langfristige Ziele zu setzen und Aufzeichnungen zu führen, die der nächsten Gruppe von Freiwilligen helfen werden.

Öffentlichkeitsarbeit und soziale Medien

Die Nutzung sozialer Medien kostet für gemeinnützige Organisationen derzeit nichts.

Sobald Ihre Schule oder Ihr Team ihre sozialen Medien eingerichtet hat, können Sie Nachrichten über Fundraising-Veranstaltungen usw. mit ihren Beiträgen einplanen.

Sie können Eltern-/Freiwilligengruppen einrichten.

Verbinden Sie sich mit Familien. Verbinden Sie sich mit Freunden.

Bitten Sie um Hilfe.

Bauen Sie eine Gemeinschaft auf.

Dies ist ein wichtiger Bestandteil Ihres Plans vor und nach der Markteinführung.

Ihre Kontaktperson in der Schule oder im Team hat ein Image zu pflegen, und es gibt entweder einen Freiwilligen oder einen Mitarbeiter, der die Website regelmäßig aktualisiert, regelmäßig Beiträge einstellt, Fragen beantwortet usw.

Die Einrichtung und Pflege des Systems nimmt einige Zeit in Anspruch, und Sie können sich an den geplanten Veröffentlichungen der Schule beteiligen.

Am besten ist es, wenn Sie eine Person aus Ihrem Freiwilligenteam bestimmen, die regelmäßig mit dem Medienkoordinator der Schule oder der Mannschaft Ihres Kindes in Kontakt steht, ihn auf dem Laufenden hält und informiert. Der Aufbau einer engen Beziehung zu dieser Person könnte der Schlüssel zum Erfolg Ihrer Veranstaltung sein.

Soziale Medien sind ebenfalls eine hervorragende Plattform, um Freiwillige zu gewinnen, aber auch Ihre Website, Ihr Newsletter und Ihr schwarzes Brett bieten Möglichkeiten, um auf sich aufmerksam zu machen und neue Leute an Bord zu holen.

Wahrscheinlich gibt es eine ganze Reihe von kostenlosen Veranstaltungskalendern für Ihre Gemeinde, auf die Sie online zugreifen und die Informationen für Ihre Spendenaktion hochladen können.

Vergessen Sie nicht, lokale Fernsehsender, Zeitungen und Radiostationen zu kontaktieren.

Das Verfassen und Versenden einer Pressemitteilung ist ein äußerst effektives Mittel, um die Medien über Ihre Veranstaltung zu informieren.

Wenn Sie mit dem Verfassen einer Pressemitteilung nicht vertraut sind, gibt es einige Möglichkeiten, die Sie nutzen können:

#1. Fragen Sie Ihr Freiwilligenteam, ob sie über Fachwissen auf diesem Gebiet verfügen (oder jemanden kennen, der helfen könnte).

#2. Fragen Sie, ob ein Elternteil über Fachwissen in diesem Bereich verfügt. Dies kann über einen Newsletter, einen Eintrag auf der Website der Schule oder der Mannschaft oder bei einer Schulveranstaltung, die die Eltern besuchen, wie die wöchentliche Versammlung oder ein Spiel, geschehen.

#3. Suchen Sie online nach Vorlagen.

Es gibt kostenlose und kostenpflichtige Vorlagen im Internet. Machen Sie eine Suche und Sie werden die beste Option für Ihre Bedürfnisse finden können.

#4. Stellen Sie einen Fachmann ein (vielleicht tauschen Sie seine Dienste ein oder bieten ihm Werbung für Ihre Veranstaltung an. Oder fragen Sie, ob ihr Unternehmen in der Lage wäre, eine Pro-Bono-Pressemitteilung zu schreiben.

VERGESSEN SIE NICHT...

GENEHMIGUNGEN PLANUNG VOR DER VERANSTALTUNG

"Wenn du schnell gehen willst, geh allein. Wenn du weit gehen willst, geh mit anderen."
Afrikanisches Sprichwort

Ich kann Ihnen gar nicht oft genug sagen, wie wichtig es ist, dass Sie sich bei Ihrer Gemeinde, Stadt, Ihrem Bundesland, Ihrer Provinz oder einer anderen kommunalen Einrichtung vergewissern, dass Sie über alle erforderlichen Informationen, Genehmigungen, Lizenzen usw. verfügen, bevor Sie den Termin für Ihre Veranstaltung festlegen.

Möglicherweise müssen Sie einen Antrag stellen, um eine öffentliche Veranstaltung an einem öffentlichen Ort abzuhalten, oder Sie benötigen spezielle Genehmigungen (für den Umgang mit Lebensmitteln, Alkohol usw.), und Sie benötigen möglicherweise eine zusätzliche Versicherung. Dies sind nur einige der Genehmigungen, die Sie benötigen könnten, und es ist am besten, wenn Sie wissen, womit Sie es zu tun haben, bevor Sie mit Ihrer Veranstaltung zu weit gehen.

Wenn Sie sich nicht an die Regeln halten, können zwei Dinge passieren:
#1. Sie erhalten eine Geldstrafe.
#2. Sie müssen Ihre Veranstaltung absagen. Wenn Nr. 2 eintritt, könnte dies dazu führen, dass Sie in Zukunft keine Genehmigung mehr für Ihre Veranstaltung erhalten.

Besonders wichtig sind ein regelmäßiger Schriftverkehr und ein Kontakt zu Ihrer Gemeindeverwaltung. Führen Sie ausgezeichnete Aufzeichnungen. Vergewissern Sie sich, dass Sie alle Punkte erledigt haben, bevor Sie Ihren Plan in die Tat umsetzen - dann müssen Sie sich nicht mehr darum kümmern.

Es gibt nichts Schlimmeres, als für eine Veranstaltung zu werben, Karten zu verkaufen, Sponsoren und Spenden zu gewinnen und dann die Veranstaltung absagen zu müssen. Die Angabe von OOPs im Nachhinein wird Ihnen oder Ihrer Sache keine Glaubwürdigkeit verschaffen.

ICH KOMME MIT EIN WENIG HILFE ZURECHT

IHR TEAM VON FREIWILLIGEN

Es spielt keine Rolle, ob Sie in Ihre Rolle als Fundraising-Koordinator gewählt wurden oder ob man sie Ihnen aufgedrängt hat (weil sich niemand sonst gemeldet hat). Sie werden ein festes Team von Freiwilligen brauchen, von denen die meisten diese Aufgabe wahrscheinlich nicht selbst übernehmen wollten. Das wird sich hoffentlich zu Ihren Gunsten auswirken - denn sie werden Einfühlungsvermögen haben und Sie noch mehr unterstützen.

Klug wählen

Freiwillige Helfer sind für den Erfolg der Spendenaktion entscheidend. Es ist wichtig, allen das Gefühl zu geben, dass sie willkommen sind und gebraucht werden, und ihnen die Möglichkeit zu geben, Aufgaben zu delegieren. Es ist auch wichtig, dass die Freiwilligen sich für einen Bereich des Projekts entscheiden, für den sie die größten Fähigkeiten und das größte Interesse haben.

"Wir leben von dem, was wir bekommen,

Aber wir leben von dem, was wir geben."
Winston Churchill
"Es gibt kein "I" in Team, aber wir sind froh darüber
Es gibt ein "U" in "Freiwillige".
Autor Unbekannt

TEAMZEIT

Sobald Sie eine Gruppe von Freiwilligen haben, müssen Sie die Zeit und die Verfügbarkeit überprüfen, und ein effektiver Weg, dies zu tun, sind regelmäßig geplante Treffen. Kommunikation ist der Schlüssel, und jeder wird etwas Einzigartiges und Individuelles zu bieten haben.

Sobald das Team zusammengestellt ist, müssen Sie zusammenarbeiten und ein Umfeld schaffen, in dem jeder seine Ideen einbringen kann und bereit ist, die erforderliche Zeit zu investieren.

DAS GROSSE GANZE

Gemeinsam Ziele setzen

Nutzen Sie gemeinsame Ziele, um Ihre Freiwilligen zu motivieren.

Ermutigen Sie die erfahreneren Freiwilligen in Ihrer Gruppe, ihr Wissen an neue Freiwillige weiterzugeben.

Regen Sie neue Freiwillige dazu an, Ideen aus ihrer Perspektive einzubringen; manchmal sind es gerade die neuen Freiwilligen, die am besten über den Tellerrand hinausschauen können.

Wie ich bereits erwähnt habe, werden die meisten Schlüsselpositionen gewählt, und zwar für eine Amtszeit wie diese:

EINBAU

- TREASURER

- SEKRETÄR

- FUNDRAISING-KOORDINATORIN

- ERSATZ-FUNDRAISING-KOORDINATOR

- KOORDINATOREN   FÜR FINANZHILFEANTRÄGE (2)

- KOORDINATOR   UND   AUSBILDER   FÜR FREIWILLIGE

- KOORDINATOR   FÜR MARKETINGMATERIAL/WERBUNG.

ANTWORTBAR AUF

Die Mittelbeschaffung wird eine der Aufgaben des Ausschusses sein, und als Team werden Sie höchstwahrscheinlich dem Vorsitzenden und dem stellvertretenden Vorsitzenden des Ausschusses sowie wichtigen Mitgliedern der Schule oder Mannschaft Ihres Kindes Bericht erstatten.

Für den Erfolg Ihres Fundraising-Teams und Ihrer Veranstaltungen ist es entscheidend, dass Sie die Personen, denen Sie verantwortlich sind, über Fortschritte und Ziele auf dem Laufenden halten.

Regelmäßig stattfindende Ausschusssitzungen geben Ihnen als Fundraising-Koordinator die Möglichkeit, die Mitglieder auf den neuesten Stand zu bringen, sie für bevorstehende Veranstaltungen zu begeistern und sie vor allem zur Mithilfe und Unterstützung dieser Veranstaltungen zu bewegen.

Auf diesem Weg wird auch Ihr Jahresbudget genehmigt.

LEADERSHIP

LEITUNG VON SITZUNGEN

"Freundlichkeit ist wie ein Bumerang, der immer zurückkommt.
Autor Unbekannt
Jede Handlung in unserem Leben berührt irgendeinen Akkord
die in der Ewigkeit vibrieren werden."
Edwin Hubbell Chapin

Wenn Sie Treffen für Ihr Fundraising-Team einberufen, denken Sie daran, dass Ihre Freiwilligen (genau wie Sie) Zeit von ihren Familien wegnehmen, um zu helfen.

Planen Sie diese Zeit gut ein und halten Sie sich an eine Tagesordnung.

Versenden oder veröffentlichen Sie eine Tagesordnung vor der Sitzung.

Halten Sie mindestens Kekse, Kuchen, Wasser, Tee und Kaffee zur Erfrischung bereit. Bei besonderen Anlässen könnte sogar eine Flasche Champagner angebracht sein, um eine Gruppenleistung zu feiern

Laden Sie alle zur Teilnahme ein und schaffen Sie ein sicheres Umfeld, in dem jeder seine Vorschläge und Meinungen frei äußern kann.

Ermutigen Sie zur Teilnahme, aber vergessen Sie nicht, die Kontrolle über die Situation zu übernehmen - zu führen - und alle auf Kurs zu halten.

Wenn Sie sich an den vorgesehenen Zeitrahmen halten, werden die Freiwilligen eher bereit sein, an künftigen Sitzungen teilzunehmen.

Wenn Sie Ihren Zeitplan jedes Mal weit überschreiten, weil die Leute aus der Reihe tanzen, wird sich das herumsprechen.

Schätzen Sie die Zeit Ihrer Freiwilligen - und Ihre eigene.

Haben Sie Spaß, aber halten Sie sich an einen Zeitplan, dann werden die Freiwilligen eher bereit sein, weiterhin an den Treffen teilzunehmen.

ROLLE SPIELEN

AUSBILDUNG

"Die Freiwilligen machen das umsonst."
Autor Unbekannt

Einige Freiwillige fühlen sich vielleicht unwohl, wenn sie Unternehmen um Spenden bitten.

Ein Rollenspiel mit Freiwilligen, die den Prozess durchlaufen, ist immer hilfreich.

Ein Vorschlag, den Sie vielleicht ausprobieren sollten, sind Rollenspiele. Machen Sie es lustig und lassen Sie jeden in die Rolle des Ladenbesitzers und des Freiwilligen schlüpfen.

Gehen Sie den Prozess Schritt für Schritt durch, und tauschen Sie dann die Rollen. Dies wird das Vertrauen aller Beteiligten stärken und der Rollentausch wird helfen, den Prozess aus allen Perspektiven zu betrachten.

Sie sollten auch darauf achten, dass die Person, die sich an die Unternehmen wendet, professionell vorgeht. Sie sollte entsprechend aussehen und sauber gekleidet sein. Schließlich repräsentieren sie die Schule Ihres Kindes.

Sie sollten auch den Nachweis erbringen, dass ihr Antrag rechtmäßig ist.

(Siehe Musterbrief in der Veranstaltung Trivia Night).

Es ist auch wichtig, dass Ihre Freiwilligen verstehen, dass sie es nicht persönlich nehmen oder dem Eigentümer ein schlechtes Gewissen machen sollten, wenn das Unternehmen ablehnt.

Unternehmen um Spenden zu bitten, wird immer einfacher, je öfter man es tut.

Ich sehe das immer so: Wenn das Unternehmen spenden kann, warum dann nicht für die Schule oder die Mannschaft Ihres Kindes?

INTERESSEN

Fachgebiete und Interessen

Vergewissern Sie sich, dass Sie jedem Freiwilligen einen eigenen Bereich zuweisen und dass er seinen Bereich und seine Grenzen kennt.

Nichts ist peinlicher (und ärgerlicher für den Geschäftsinhaber), als wenn zwei oder drei Freiwillige derselben Schule und/oder desselben Teams nacheinander in ihrem Geschäft um Spenden bitten.

Das sieht sehr unprofessionell aus.

Falls es doch passiert, sollten Sie sicherstellen, dass Ihr Freiwilliger eine Entschuldigung und ein Dankeschön für die Zeit des Geschäftsinhabers parat hat.

"Niemand kann alles machen,
Aber jeder kann etwas tun."
Autor Unbekannt

WAS IST FÜR MICH DRIN?

WAS FUNKTIONIERT...

1. Sprechen Sie das Geschäft an. Stellen Sie sich vor (zu einem Zeitpunkt, zu dem der Geschäftsinhaber nicht mit anderen Kunden beschäftigt ist. Wenn er beschäftigt ist, kommen Sie wieder oder warten Sie, bis Sie dran sind). Nennen Sie den Namen Ihrer Schule (oder Mannschaft) und geben Sie ein unterschriebenes Schreiben des Schulleiters oder Trainers ab.

2. Erläutern Sie Ihre Veranstaltung, das Datum, die Spendenziele (die auch in dem Schreiben erläutert werden sollten) und bitten Sie um eine Spende für einen Preis, eine stille Auktion usw.

WAS IST FÜR SIE DRIN?

Sagen Sie ihnen von vornherein, wie ihr Unternehmen davon profitieren wird.

Zum Beispiel:

*Ihr Unternehmen wird im Programm erwähnt, das bei der Veranstaltung verteilt wird.

*Ihr Unternehmen wird während der Veranstaltung durch den Zeremonienmeister bekannt gegeben.

*Ihr Unternehmen wird in den sozialen Medien aufgeführt

*Ihr Firmenlogo wird auf Plakaten bei der Veranstaltung erscheinen.

*Der Name des Unternehmens, der Standort und die Telefonnummer werden auf einem Tischset an jedem der Tische bei der Veranstaltung angegeben.

3. Informieren Sie den Geschäftsinhaber, dass Sie später in der Woche (nennen Sie den Tag) wiederkommen werden, um zu sehen, ob er etwas zu spenden hat.

Das heißt, sie haben nicht das Gefühl, dass sie sich sofort entscheiden müssen. Einige müssen das Budget oder den Bestand prüfen, andere müssen sich mit einem Partner beraten.

Notieren Sie sich, wann Sie zurückkehren wollen - und dass Sie auch zurückkehren werden.

4. Sammeln Sie die Spende ein. Bedanken Sie sich. Notieren Sie, was gespendet wurde.

AN UNTERNEHMEN HERANTRETEN

DAS UNERWARTETE

Wichtiger Tipp #1
Sagen Sie allen Unternehmen, dass Sie noch am selben Tag zurückkehren werden. Nennen Sie keine bestimmte Zeit.

Wichtiger Tipp #2
Bitten Sie um eine Visitenkarte und legen Sie sie dem Gegenstand bei. Wenn Sie viele Spenden sammeln, sollten Sie sicherstellen, dass das Dankeschön dem richtigen Unternehmen zugewiesen wird.

Wenn die Person, mit der Sie gesprochen haben, nicht da ist oder nichts parat hat, bittet man Sie vielleicht, an einem anderen Tag wiederzukommen.

Wählen Sie einen Tag aus und holen Sie an diesem Tag alle anderen Spenden ab. Siehe auch Tipp Nr. 1. Planen Sie alle Wiederholungsbesuche am selben Tag.

Hinweis: Manchmal müssen Sie mehrmals zurückgehen, um Spenden zu erhalten. Denken Sie daran, dass Sie nicht die einzige Schule oder Mannschaft sind, die um Hilfe bitten wird.

Behalten Sie dies im Hinterkopf und seien Sie geduldig und verständnisvoll gegenüber dem Unternehmen.

Wenn etwas Unerwartetes passiert - etwas, das für Ihre Schule bestimmt war, wurde versehentlich an eine andere Schule weitergegeben - stellen Sie sicher, dass der Geschäftsinhaber einen guten Eindruck von Ihnen und der Schule oder dem Team Ihres Kindes erhält, indem Sie höflich sind und sich bedanken.

Wenn Sie eine Spende erhalten, sollten Sie sich nach der Veranstaltung mit einer Dankesurkunde bedanken. Sagen Sie ihnen, wie viel Geld Sie gesammelt haben. Danken Sie ihnen noch einmal persönlich.

Wichtiger Tipp #3
Man kann nie oft genug Danke sagen.

Die Mittelbeschaffung für Schulen und Teams ist hart umkämpft.

Sorgen Sie dafür, dass sich der Geschäftsinhaber wohl fühlt, damit er sich daran erinnert, wenn im nächsten Jahr jemand anstelle von Ihnen kommt.

5. Wenn der Geschäftsinhaber sagt, dass er/sie dieses Jahr nicht helfen kann, sollten Sie ihm/ihr kein schlechtes Gewissen machen.

Unternehmer können nicht jede Schule oder Mannschaft unterstützen, die um Hilfe bittet. Denken Sie daran, dass Unternehmer auch Söhne und Töchter haben, die die örtlichen Schulen besuchen und in örtlichen Mannschaften spielen. Natürlich können sie nicht jede Sache unterstützen.

Bedanken Sie sich und sagen Sie, dass Sie sich im nächsten Jahr wieder melden werden, wenn es ihnen recht ist.

Schütteln Sie die Hand und gehen Sie weg - Sie hinterlassen immer einen guten Eindruck.

VISION

PLAN PLAN PLAN

Wenn Sie eine Fundraising-Veranstaltung durchführen (vor allem eine große), müssen Sie einen Zeitplan für die Veranstaltung aufstellen und eine Person für jede Aufgabe finden.

Wer baut den Saal auf und dekoriert ihn im Vorfeld?

Wer wird die Leute an der Tür begrüßen?

Wer wird die Tickets verkaufen?

Wer wird die Tombola organisieren? Auktion? Stille Auktion?

Gehen Sie alles durch und planen Sie eine Zeit und einen Freiwilligen (oder zwei) ein, der sich um alles kümmert, von dem Sie wissen, dass es passieren wird. Wenn Sie mehr Freiwillige brauchen, ist dies der beste Zeitpunkt, um sie zu fragen, anstatt im letzten Moment zu drängeln.

Planung und Nachbereitung sind der Schlüssel, um Ihr Team zu motivieren und zu inspirieren.

Denken Sie immer daran, dass sie Ihnen den Rücken freihalten (und stellen Sie sicher, dass Sie den ihren freihalten).

"Alleine können wir so wenig tun -

Gemeinsam können wir so viel erreichen."
Helen Keller

UM HILFE BITTEN

VOLUNTEERS

Treffen mit den Eltern

Wenn an Ihrer Schule (oder in Ihrem Team) ein Eltern-Lehrer-Treffen stattfindet, ist dies der beste Ort, um nach Eltern zu suchen, die sich engagieren möchten. Im Allgemeinen suchen die Teilnehmer dieser Treffen nach Möglichkeiten, wie sie ihre Fähigkeiten einsetzen können, um ihren Kindern zu helfen.

Vielleicht haben Sie sich mit anderen Eltern unterhalten, die sagen, dass sie auf keinen Fall an der Jahresversammlung teilnehmen würden - weil sie keine Zeit haben, irgendeine Rolle zu übernehmen.

Die meisten Eltern haben keine Zeit - aber jemand muss sich engagieren. Es ist weniger beängstigend, wenn man ein gutes Team von Freiwilligen um sich herum hat.

Wenn Sie nur an der Mittelbeschaffung interessiert sind - und nicht an den Hauptausschüssen -, können Sie sich nach Ihrer Nominierung dem entsprechenden Unterausschuss von Freiwilligen anschließen.

Zu den wichtigsten Ausschüssen gehören, wie erörtert, vor allem:

1. Ein Anführer (Präsident)

2. Ein Co-Leiter (Vizepräsident)

3. Ein Schatzmeister

4. Ein Sekretär

5. Ein Fundraising-Koordinator

Nachdem diese Positionen festgelegt wurden, kann ein Unterausschuss für die Mittelbeschaffung mit einem Team von freiwilligen Helfern gebildet werden.

MEHR FÜHRUNG

FUNDRAISING-TREFFEN

Bitten Sie den Schulleiter oder den Trainer, bei Ihrer ersten Fundraising-Sitzung eine Liste mit den Zielen vorzulegen, die sie in diesem Jahr erreichen möchten. Dies wurde bereits erwähnt, aber nicht, wie man es in ein bestimmtes Treffen einbaut.

Nachdem die Liste vorgelegt wurde, treffen Sie sich mit Ihrer Fundraising-Gruppe und entwickeln Ideen, wie Sie diese Gelder erreichen können.

Bitten Sie bei der zweiten Sitzung den Schulleiter oder Trainer um seine Teilnahme. Lassen Sie die Ideen, die Ihr Team entwickelt hat, durchlaufen und stellen Sie Ihre Prognosen vor. Wenn es nicht möglich ist, die gesetzten Ziele zu erreichen, ändern Sie sie. Passen Sie sie entsprechend an. Erstellen Sie dann einen groben Plan.

Nachdem Sie nun einen Plan für die Mittelbeschaffung erstellt haben, müssen Sie das "Wann" und "Wo" festlegen. Sie müssen auch das Wie festlegen - z. B. wie viele weitere Freiwillige Sie benötigen werden. Dann müssen Sie entweder im Newsletter der Schule oder des Teams Ihren Fundraising-Plan veröffentlichen und um Unterstützung bitten. Dies ist ein hervorragender Zeitpunkt, um Ihren

Plan zu verkaufen, alle wissen zu lassen, wie sie helfen können, und mit der Werbung für Ihre erste Veranstaltung zu beginnen.

Es wäre angemessen, nicht mehr als ein oder zwei größere Spendenaktionen pro Jahr zu veranstalten.

Wichtiger Tipp #4

Legen Sie nicht alle Eier in einen Korb.

Diese beiden Großveranstaltungen werden die Spendenaktionen sein, bei denen Sie den größten Teil Ihrer Mittel aufbringen werden.

Daher müssen beide Ereignisse erfolgreich sein.

Diese sind zeitlich am aufwendigsten und erfordern den größten finanziellen Aufwand im Vorfeld der Veranstaltung.

AUSWAHL EINES VERANSTALTUNGSORTES

Bevor Sie den Veranstaltungsort buchen, sollten Sie sich vor Ort vergewissern, dass der Raum geeignet ist.

Nehmen Sie Stift und Papier mit - und machen Sie sich ein Bild davon, wie es bei Ihrer Veranstaltung aussehen könnte.

Wie viele Tische passen darauf? Dann wissen Sie, wie viele Karten Sie verkaufen können und wie viele Teams Sie brauchen, um ausverkauft zu sein.

Achten Sie darauf, dass am Eingang genügend Platz für Tische, genügend Steckdosen, eine geeignete Beleuchtung, eine Küche (falls erforderlich) und Platz zum Aufstellen der stillen Auktion und der Preise vorhanden ist.

Wenn Sie sich mit einer anderen Schule vernetzen und deren Aula günstig (oder kostenlos) mieten können, sparen

Sie langfristig Zeit und Kopfschmerzen, wenn Sie die Veranstaltung im Voraus planen.

Das ist alles eine Frage des Budgets. Wenn Sie Geld für den Veranstaltungsort sparen können, halten Sie Ihre Unkosten niedrig.

VORAUSSCHAUEND PLANEN

Sobald Sie sich für einen Veranstaltungsort entschieden haben, sollten Sie ihn buchen.

BESTÄTIGEN SIE DAS DATUM.

SICHERN.

Sorgen Sie dafür, dass die Eltern rechtzeitig über diese Veranstaltungen informiert werden, damit sie den Termin in ihrem Kalender vormerken.

Bringen Sie den Ball ins Rollen - d.h. machen Sie Ihre Veranstaltung auf allen Wegen bekannt, um sicherzustellen, dass niemand sonst in Ihrer Gegend den gleichen Termin wie Ihre Veranstaltung wählt.

Wenn beide Veranstaltungen erfolgreich sind, können Sie sie für das nächste Jahr zur gleichen Zeit ansetzen.

Selbst wenn die Veranstaltung beim ersten Mal nicht so viel Geld einbringt wie erhofft, sollten Sie sich nicht gleich geschlagen geben. Lernen Sie aus Ihren Fehlern und machen Sie es beim nächsten Mal besser. Manche Veranstaltungen brauchen Schwung.

"Du gibst einfach nie auf. Man erledigt eine Aufgabe nach bestem Wissen und Gewissen und darüber hinaus."
Debbie Reynolds

VERANSTALTUNGEN

NEBENVERANSTALTUNGEN

Wählen Sie weitere Veranstaltungen aus der Liste der 103 Fundraising-Veranstaltungen. Jede dieser Veranstaltungen wird Geld einbringen - einige werden Sie vielleicht sogar überraschen, wie viel.

Denken Sie an die wertvolle Zeit, die Sie Ihren Freiwilligen abverlangen werden, und verlangen Sie nicht zu viel von ihnen. Denken Sie daran, dass Freiwillige auch Familien und Verpflichtungen haben. Sie wollen nicht, dass sie sich überfordern.

Sorgen Sie dafür, dass Ihr Kernteam nicht elitär wird. Erklären Sie immer, dass jeder willkommen ist. Ermutigen Sie die Leute, an Ihren Sitzungen teilzunehmen und Vorschläge zu machen. Machen Sie es den Leuten leicht, zu helfen und sich zu engagieren.

SPASS HABEN

Die Freiwilligenarbeit soll bei jeder Veranstaltung Spaß machen.

"Tun Sie so, als ob das, was Sie tun, einen Unterschied macht.
Das tut es."
William James

TAG DER ANERKENNUNG VON FREIWILLIGEN

"Freiwillige sind Liebe in Bewegung!"
Autor Unbekannt

Wer sollte einen Tag der Wertschätzung für Freiwillige planen?

Manche sagen, die Schule sollte es tun. Andere sagen, die Mannschaft sollte es tun. Aber was, wenn sie es nicht tun?

Wichtiger Tipp #5

Planen Sie immer eine Veranstaltung zum Tag der Anerkennung von Freiwilligen ein.

Wenn Ihre Schule oder Ihr Team eine Veranstaltung plant, erhalten Ihre Freiwilligen zwei Feiern zu ihren Ehren. Das haben sie verdient.

WAS IST EIN TAG DER WERTSCHÄTZUNG FÜR FREIWILLIGE?

Hier können sich die Freiwilligen zurücklehnen und entspannen, während sie verwöhnt und bedankt werden.

Es ist gut, ihnen ein materielles Dankeschön in Form eines Briefes oder etwas Symbolischeres wie eine Schleife anzubieten. Vielleicht könnten die Kinder etwas für sie basteln? Oder ihnen ein Lied vorsingen?

Ein persönliches Dankeschön.

Bitten Sie den Schulleiter oder Trainer, allen Freiwilligen persönlich zu danken. Ein Händedruck oder ein persönliches Dankeschön wird Ihren Freiwilligen viel bedeuten.

Wichtiger Tipp #6
Als Leiter eines Ausschusses sollten Sie sich ständig bei Ihren Freiwilligen bedanken. Jeden einzelnen Tag.

"Wenn du ein Helfer der Herzen wirst,
Quellen der Weisheit werden aus deinem Herzen fließen."
Rumi

SICH ENGAGIEREN

KINDER, ÄLTERE STUDIERENDE UND PARTIZIPATION

Es gibt nichts Besseres für Ihr Kind, als wenn sich seine Eltern durch freiwillige Mitarbeit in seiner Schule oder seinem Verein engagieren.

Es stimmt, dass Kinder lernen, was sie sehen. Vielleicht wird Ihr Engagement sie eines Tages dazu inspirieren, sich für die Schule oder die Mannschaft ihres eigenen Kindes zu engagieren.

Wichtiger Tipp #7.

Jeder liebt es, gefragt zu werden.

Und man weiß es nie, bis man es tut.

Bitten Sie also die Eltern um Hilfe. Auf jede Weise, die ihnen möglich ist.

Dies kann auch durch nicht-finanzielle Veranstaltungen für Eltern erreicht werden, die Lehrer unterstützen oder sich an Programmen vor, während oder nach der Schule beteiligen möchten.

Wenn die Kinder sehen, dass du dir Zeit nimmst, um ihrer Schule oder ihrem Verein zu helfen, werden sie sich als Erwachsene wahrscheinlich auch engagieren.

Sie sind immer ein Vorbild für Ihre Kinder.

Sie haben einzigartige Fähigkeiten, die nur Sie einbringen können.

Scheuen Sie sich nicht zu fragen, ob es noch andere Möglichkeiten gibt, wie Sie helfen können.

"Wir können nicht immer die Zukunft für unsere Jugend aufbauen,

aber wir können unsere Jugend für die Zukunft aufbauen".

F. D. Roosevelt

STUDENTEN

Freiwillige Studenten

Wenn die Kinder in Ihrem Team oder an Ihrer Schule alt genug sind, wären sie eine hervorragende Ergänzung für Ihr Freiwilligenteam.

Stellen Sie sicher, dass sie geschult werden und die Aufgaben und Verfahren verstehen. Es könnte auch eine innovative Idee sein, ein Mentorensystem mit einem erfahrenen Freiwilligen und einem Studenten einzurichten.

Die Zusammenarbeit mit denselben Zielen wird eine noch stärkere Gemeinschaft für alle Beteiligten schaffen.

VOR DER SITZUNG

TREFFEN VOR DER VERANSTALTUNG

"Wir können nicht nur für uns selbst leben.
Tausend Fasern verbinden uns mit unseren Mitmenschen".
Herman Melville

Sobald Sie Ihr Team zusammengestellt und einen Plan für Ihre Spendenaktionen erstellt haben, sollten Sie Unterausschüsse einrichten.

Wenn Sie zwei große Veranstaltungen planen, sollten alle daran beteiligt sein, d. h. alle müssen mit anpacken.

Unterausschüsse können sich auf die Verwaltung kleinerer Veranstaltungen konzentrieren und sicherstellen, dass ein Plan vorhanden ist. Sie können auch an Sitzungen teilnehmen, um Bedürfnisse und Fortschritte zu besprechen.

Als Fundraising-Koordinator leiten Sie den Plan und sind an jedem einzelnen Ausschuss beteiligt. Verwenden Sie Ihren Fundraising-Plan als Leitfaden für Ihre Sitzungen.

Bitten Sie die Leiter der einzelnen Abteilungen Ihres Freiwilligenteams, einen Fortschrittsbericht über jeden der Bereiche zu erstellen, für die sie zuständig sind.

Regelmäßige Treffen sorgen dafür, dass alle Beteiligten auf dem richtigen Weg sind und helfen Ihnen, die finanziellen Ziele der Schule/des Teams zu erreichen.

Setzen Sie sich Ziele und arbeiten Sie als Team daran, diese zu erreichen. Durch die Zusammenarbeit bleiben alle motiviert und begeistert von dem Projekt.

Scheuen Sie sich nicht, einen anderen Gang einzulegen, wenn Sie feststellen, dass etwas nicht funktioniert.

Führen Sie exzellente Aufzeichnungen, die für künftige Referenzen von unschätzbarem Wert sein werden.

TEAMS

LEITERSCHAFT

"Freiwilligenarbeit ist die ultimative Übung in Demokratie. Wenn Sie sich freiwillig engagieren, stimmen Sie jeden Tag über die Art von Gemeinschaft ab, in der Sie leben wollen.

AUTOR UNBEKANNT

Ob Sie nun Vorsitzender des Fundraising-Ausschusses sind, einen Ausschuss leiten oder einfach nur ein Elternteil sind, das sich bereit erklärt hat, eine Fundraising-Kampagne für eine Schule oder ein Team durchzuführen - Sie werden das Schiff leiten.

Das Wichtigste ist, dass Sie nicht allein sind.

Wenn Sie zu den Menschen gehören, die gerne das Heft in die Hand nehmen, dann ist das auch in Ordnung. Denken Sie an die zeitliche Belastung und scheuen Sie sich nicht, um Hilfe zu bitten.

Sie wird Ihre Zeit mit der Familie und mit Freunden einschränken und Ihre volle Aufmerksamkeit in Zeiten beanspruchen, in denen Sie eigentlich anderweitig gebraucht würden.

In diesem Fall brauchen Sie ein gutes, engagiertes Team hinter sich, auf das Sie zählen und an das Sie delegieren können.

Es lohnt sich, dies zu wiederholen:

Sie sind nicht allein.

MEETINGS

EIN PLAN

Wenn Sie einen Plan und einen Zeitplan aufstellen und regelmäßige Besprechungen abhalten, können Sie den Überblick behalten, und wenn es Probleme gibt, können Sie die Dinge besprechen und Ihr Team gegebenenfalls in eine andere Richtung lenken.

Ändern und aktualisieren Sie Ihren Plan und die Zeitvorgaben ständig, denn sie sind lebendige Dokumente. Vergewissern Sie sich, dass jeder weiß, was seine Aufgabe ist, bis wann er sie erledigen soll, und vor allem, dass er die richtige Ausbildung und die richtigen Werkzeuge hat, um das zu tun, was er tun soll.

Wie bereits erwähnt, möchten Sie vielleicht zunächst ein Treffen mit Ihrer Schule oder Ihrem Team abhalten, um den Mittelbedarf für das kommende Jahr zu besprechen.

Dann können Sie als Teamleiter mit Ihren Mitgliedern ein Brainstorming durchführen und entscheiden, welche Spendenaktionen Sie in Angriff nehmen wollen, um die Ziele zu erreichen und sicherzustellen, dass die Kinder alles haben, was sie brauchen.

Zu Beginn sind monatliche Treffen sinnvoll, aber je näher die Veranstaltung rückt, desto eher sollten Sie zu wöchentlichen Treffen übergehen. Wenn der Tag näher rückt, können tägliche Treffen erforderlich sein.

Es ist wichtig, dass alle bei Laune gehalten werden und dass man sich mit allen Problemen auseinandersetzt, sobald sie auftreten.

Wichtiger Tipp #8

Gott sei Dank gibt es E-Mail und Internet-Treffpunkte, mit denen Sie sowohl in Gruppen als auch live alle Ihre Treffen - auch die täglichen - problemlos verwalten können.

Wenn die Zeit vergeht, werden Sie diese wunderbaren, verbindenden sozialen Medien noch mehr zu schätzen wissen.

KUDOS!

EHRENAMTLICHE MITARBEITER

Macen Sie vom ersten Treffen an deutlich, dass Sie ein Schiff leiten, auf dem die Ideen aller Beteiligten gehört und geschätzt werden, und vermitteln Sie Ihren potenziellen Freiwilligen einen Eindruck.

Ermutigen Sie jeden, ins Rampenlicht zu treten.

Scheuen Sie sich nicht, zu delegieren.

Oder um Hilfe zu bitten, wenn sie gebraucht wird.

Protokolle von allen Sitzungen sind wichtig.

Sorgen Sie immer dafür, dass jemand ein Protokoll führt und dass alle Teilnehmer nach der Sitzung umgehend eine Kopie erhalten. Schicken Sie eine Kopie an die Person, die die Schule und das Team in der Ausschusssitzung vertritt, um sicherzustellen, dass sie auf dem Laufenden gehalten wird.

Dies ist der Schlüssel, um alle Ihre Spendenaktionen (und Freiwilligen) auf Kurs zu halten.

Danken Sie Ihrem Team!

(Ja, ich habe es bereits gesagt - aber es lohnt sich, es zu wiederholen!)

Vergessen Sie nicht, Ihr Team zu loben und ihm für all die Zeit zu danken, die es aufwendet, um die Ziele der Schule oder des Teams zu erreichen.

Rufen Sie Ihr Team am Ende der Veranstaltung immer auf die Bühne.

Stellen Sie sie nacheinander vor und loben Sie sie für ihren Beitrag.

Bitten Sie sie, sich ebenfalls zu verbeugen. Sie können bei der wohlverdienten Standing Ovation Seite an Seite stehen.

DAS GROSSE GANZE

ZUSCHÜSSE, VORSCHLÄGE, SONSTIGE MITTEL

Möglicherweise gibt es in Ihrer Gemeinde noch andere Möglichkeiten der Mittelbeschaffung, z. B. durch Ihren Gemeinderat oder Ihre Regionalverwaltung, Stiftungen, Trusts und Unternehmen.

Um diese beantragen zu können, müssen Sie in Ihrer Gemeinschaft verankert sein.

Spezialisiertes Team

Um sicherzustellen, dass Ihre Schule oder Ihr Team keine potenziellen Fördermittel verpasst, können Sie ein spezielles Team von Freiwilligen für dieses besondere Projekt zusammenstellen.

Das Lesen und Befolgen der Leitlinien für die Gewährung von Finanzhilfen erfordert Zeit und eine große Aufmerksamkeit für Details.

Wenn Sie diese Aufgabe einem oder zwei Freiwilligen übertragen, haben Sie bessere Chancen, sicherzustellen, dass Ihre Schule/Ihr Team alle erforderlichen Anforderungen erfüllt und die Zuschussregeln der einzelnen Organisationen einhält.

Ihr Team sollte bei regelmäßigen Treffen vor der Veranstaltung Bericht erstatten und alle auf den neuesten Stand bringen.

Dies sollte auch der Zeitpunkt sein, an dem sie um Hilfe bitten, wenn sie zur Erfüllung ihrer Aufgaben die Unterstützung von Schulleitern/Coaches und/oder zusätzlichen Freiwilligen benötigen.

Bewerbungsregeln, Leitlinien, Kriterien

Stellen Sie zunächst sicher, dass Ihr Team überprüft, ob Ihre Schule oder Ihr Team für die Beantragung des Zuschusses in Frage kommt. Wenn Ihr Team unsicher ist, ermutigen Sie es, anzurufen. Wenn sie sich vorher erkundigen, ersparen sie sich nicht nur eine Menge Zeit und Ärger, sondern zeigen auch, dass sie die Zeit und den Zweck der Organisation respektieren, mit der sie möglicherweise zusammenarbeiten werden. In manchen Fällen kommen Sie vielleicht nicht für den geplanten Zuschuss in Frage; stattdessen kann man Ihre Bemühungen auf etwas Geeigneteres umlenken.

Bei vielen dieser Anträge müssen Sie sich jedes Jahr neu bewerben. In manchen Jahren sind Sie vielleicht erfolgreich, in anderen nicht. Sie sollten jedoch immer einen Antrag stellen und auf das Beste hoffen.

Einige Organisationen (wenn Sie Glück haben) setzen sich vielleicht sogar mit Ihrer Organisation in Verbindung und laden Sie ein, eine Bewerbung einzureichen. Das bedeutet, dass die Arbeit, die Sie leisten, bekannt ist. Die Beziehungen zu einer oder allen diesen Organisationen können von unschätzbarem Wert sein. Knüpfen Sie Kontakte zu ihnen, lernen Sie sie kennen, und lassen Sie

sie Ihre Organisation und Ihre Arbeit für die Gemeinschaft kennenlernen.

Vergewissern Sie sich, dass Sie die neueste Anwendung haben.

Füllen Sie den Antrag vollständig aus und stellen Sie sicher, dass Sie ihn vor Ablauf der Frist einreichen. Die letzte Minute ist nie gut, wenn Sie einen möglicherweise komplexen Antrag auf Fördermittel in einem äußerst wettbewerbsintensiven Umfeld ausfüllen.

Heben Sie Ihre Schule/Ihr Team hervor. Erzählen Sie, was an Ihnen einzigartig ist und warum. Geben Sie einen kurzen Überblick darüber, wie Ihre Schule/Ihr Team entstanden ist, wem Sie helfen und wie Sie ihnen in der Gemeinde helfen. Machen Sie ihnen Lust, in Ihre Schule oder Ihr Team zu investieren.

Achten Sie darauf, dass Sie die Vorschriften einhalten und alle geforderten Angaben machen. Wenn Sie eine Frage nicht beantworten, bedeutet das ein Nein zu Ihrer Bewerbung. Respektieren Sie das Verfahren - stellen Sie sicher, dass Sie alle Fragen beantwortet haben.

Sagen Sie ihnen, wofür Sie das Geld brauchen. Wofür das Geld verwendet werden soll. Sagen Sie, warum das Geld benötigt wird und wie es den Kindern an Ihrer Schule oder in Ihrem Team helfen wird.

Erstellen Sie einen Plan für Ihr Projekt mit konkreten Informationen. In diesem hart umkämpften Markt wird eine Vision der Schlüssel zu Ihrem Erfolg sein.

Wenn Sie Geld für ein bestimmtes Projekt beantragen, müssen Sie eine bestimmte Summe im Kopf haben. Eine detaillierte Auflistung der Dinge, die Sie benötigen werden, zeigt Ihr Engagement. Ein Budget, einschließlich des Geldes, das Ihre Gruppe zu investieren beabsichtigt, und/oder anderer Gelder und wie Sie diese erhalten werden und wie Sie Ihr Budget recherchiert und prognostiziert haben.

Vergewissern Sie sich, dass der Schulleiter oder Trainer die Bewerbung sieht und genehmigt, bevor sie an die Organisation geschickt wird. Legen Sie der Bewerbung ein Schreiben bei, in dem Sie sich bei der Organisation für die Möglichkeit bedanken, über Ihre Schule/Ihr Team zu berichten.

Wenn Sie die Finanzierung erhalten - großartig. Achten Sie darauf, dass Sie alle obligatorischen Anforderungen erfüllen und sich bei der Organisation dafür bedanken, dass sie Ihre Schule/Ihr Team unterstützt.

Laden Sie einen Vertreter dieser Organisation zu Ihrem jährlichen Tag der Anerkennung von Freiwilligen ein, damit er sich unter all Ihre tollen Freiwilligen mischen kann.

Bedanken Sie sich bei der Organisation auf jede erdenkliche Weise.

Überreichen Sie ihnen eine Dankesurkunde für ihre Hilfe.

Geben Sie ihnen das Gefühl, Teil Ihres Teams zu sein (denn das sind sie!)

Wenn Sie diese Dinge tun, kann sich Ihre Organisation von anderen abheben und hoffentlich zum Aufbau einer starken Partnerschaft beitragen, die langfristig Bestand haben wird.

Website der Schule oder des Teams

Fundraising sollte ein Teil des Menüs Ihrer Schul- oder Team-Website sein. Es ist nicht ratsam, etwas Separates einzurichten, da dies sehr teuer und auch schwer zu pflegen sein könnte. Da Sie Spenden für die Bedürfnisse und Anforderungen Ihrer Schule sammeln, wäre dies definitiv kontraproduktiv.

Sie können jedoch auf vielen Plattformen kostenlos Ihre eigene Website erstellen. Die Pflege und Aktualisierung würde jedoch ein großes Engagement Ihrer Freiwilligen erfordern. Neben dem zeitlichen Aufwand müssen Sie möglicherweise auch Freiwillige schulen.

Die Nutzung sozialer Medien könnte die beste Plattform für Sie sein. Weitere Informationen finden Sie im Kapitel über Öffentlichkeitsarbeit und soziale Medien.

REGELN

Geld

Bevor Sie mit der Spendensammlung für Ihre Schule oder Ihr Team beginnen, sollten Sie sich umfassend über die Schule (oder das Team) und die Vorschriften der Provinzen und des Bundes darüber informieren, wie die Gelder zu verwalten und wo sie zu hinterlegen sind. Dies dient nicht nur Ihrem Schutz, sondern auch dem Schutz derjenigen, für die Sie Spenden sammeln. Wenn die Schule oder die Mannschaft keine festen Richtlinien hat, sollte der Schulleiter und/oder der Trainer darauf aufmerksam gemacht werden, und es sollte ein System eingerichtet werden, bevor mit der Spendensammlung begonnen wird.

Die Schule sollte über folgende Einrichtungen verfügen:
Verfahren für den Umgang mit Bargeld
Buchhaltungsverfahren
Verfahren für die Einzahlung von Geldern
Verfahren für den Schatzmeister
Bankkonto für die Zwecke von Fundraising-Verfahren
(Einrichtung eines Kontos, falls nicht bereits eines für die speziellen Zwecke von Fundraising-Einzahlungen eröffnet wurde)

- Verfahren für die Unterzeichnung von Bankkonten

- Routine-Audit-Verfahren

- Verfahren für die Berichterstattung über die Mittel

- Cashflow/Floater-Verfahren

- Schecks/Kopien von Schecks Verfahren zur Einlösung und Verfolgung von Schecks

- Spendenquittungen bei und nach Veranstaltungen

- Verfahren für die Aufbewahrung von Spendengeldern nach der Veranstaltung (verschlossenes Schließfach)

- Versicherung/Deckung für Fundraising-Schutz

Zusätzlich zu der obigen Liste gibt es in Ihrem Land oder Ihrer Provinz/Ihrem Staat möglicherweise spezielle Gesetze bezüglich des Höchstbetrags, den Sie für Spendenausgaben ausgeben dürfen. Die Liste enthält Ratschläge, wie Sie Ihre Gemeinkosten niedrig halten können, aber wenn Sie die Gesetze kennen und sich von

Anfang an daran halten können, werden Ihre Bemühungen realistisch sein und die Gewinne mit den tatsächlichen Beträgen, die Sie aufbringen können, übereinstimmen.

Beispiel: Sie wissen im Jahr 1 nicht, dass es einen Höchstbetrag gibt, und geben 50 % der Kosten für Ihre Veranstaltung aus.

Sie haben eine erfolgreiche Veranstaltung durchgeführt und sind mit dem Ergebnis zufrieden, aber wenn Sie beispielsweise nur 15 % der gesetzlichen Ausgaben für Spendengelder ausgeben dürfen, wird es schwierig, den Gürtel enger zu schnallen und eine ähnliche Veranstaltung mit einem so geringen Budget durchzuführen.

Vor allem nach der ersten Benefizveranstaltung werden Ihre Gäste hohe Erwartungen haben.

Es ist von entscheidender Bedeutung, die Gesetze und Richtlinien im Voraus zu kennen und alle Anforderungen zu erfüllen.

Wichtig ist auch, dass Sie sich vor Beginn der Spendensammlung über die Besteuerung und die entsprechenden Belege informieren.

Alkoholausschank

Für einige der Veranstaltungen auf dieser Liste wird der Ausschank von Alkohol vorgeschlagen. Es liegt an Ihnen, dem Spendensammler, sicherzustellen, dass dieser Vorschlag für Ihr Team oder Ihre Schule gut geeignet ist. Außerdem müssen Sie sicherstellen, dass Sie alle örtlichen, landes- und bundesstaatlichen Gesetze einhalten.

Wenn Alkohol im Spiel ist, stellen Sie bitte sicher, dass es eine Kampagne "Don't Drink and Drive" und eine Kampagne "Designated Driver" gibt. Außerdem wäre es eine gute Idee, nach der Veranstaltung ein örtliches Taxi-Unternehmen zur Verfügung zu haben, falls dessen Dienste benötigt werden.

Keine Veranstaltung soll in einer Tragödie enden. Zur Planung Ihrer Veranstaltung gehört auch, dass Ihre Gäste sicher ankommen und sicher wieder abreisen können.

Räumlichkeiten

Wenn Sie einen Veranstaltungsort für Ihre Veranstaltung auswählen, haben Sie je nach Art der Veranstaltung möglicherweise bestimmte Anforderungen, die erfüllt werden müssen. Zum Beispiel:

AUSSTATTUNG

- Rollstuhltauglich

- Kinderbetreuung

- Transport

- Anforderungen an die Ernährung

- Mehrsprachigkeit/Übersetzung

Um nur einige zu nennen. Sie kennen Ihre Schule/Ihr Team. Wenn Sie also dieser Liste etwas hinzufügen möchten, das speziell auf Sie zutrifft, sprechen Sie es bitte an und finden Sie heraus, wie Sie es lösen können, bevor Sie einen Vertrag über Räumlichkeiten abschließen. Das kann den entscheidenden Unterschied ausmachen.

Patenschaften

Wenn Sie eine große Veranstaltung durchführen, kann es sehr hilfreich sein, verschiedene Stufen für Sponsoren zu haben. Im Grunde genommen können Sie die Sponsoren in verschiedene Stufen einteilen. Hier ist ein Beispiel dafür, wie es funktionieren könnte:

GOLD SPONSOR

Dies ist Ihr Top-Sponsor, der den höchsten Dollarbetrag spendet, aber er kann Ihnen auch mit einer Vielzahl anderer notwendiger Fähigkeiten wie Werbung, Sachspenden usw. helfen. Unternehmen auf dieser Ebene haben möglicherweise auch ein Programm für ihre Mitarbeiter, die ihre Zeit als Freiwillige für Ihre Schule/Ihr Team oder Ihre Veranstaltungen zur Verfügung stellen.

Im Gegenzug wird Ihr Goldsponsor auf allen Werbematerialien Ihrer Veranstaltung beworben. Sie würden z. B. das Logo des Goldsponsors auf den Eintrittskarten, auf Ihrer Website und in den sozialen Medien abbilden und auch am Abend der Veranstaltung für ihn werben. Arbeiten Sie einen Plan mit Ihrem Goldsponsor aus, damit Sie beide davon profitieren können.

Bauen Sie eine langfristige Beziehung zu ihnen auf, und sie werden Ihnen auf Dauer treu bleiben. Vergessen Sie nicht, einen Tisch mit ihnen (5 Paare) zu Ihrer Veranstaltung einzuladen und sie von einem Fotografen ablichten zu lassen. Twittern Sie das Foto und veröffentlichen Sie es in anderen sozialen Medien.

Während des gesamten Abends für ihr Geschäft werben. Ein persönliches oder telefonisches Dankeschön sowie eine schriftliche Danksagung des Schulleiters/Trainers und eine Dankesurkunde sollten folgen.

SILBER SPONSOR

Dies ist Ihr zweitwichtigster Sponsor, und Sie sollten ihn auf Ihrer Website und am Abend Ihrer Veranstaltung bewerben. Bieten Sie Tickets für 2 Paare an, die an Ihrer Veranstaltung teilnehmen, und lassen Sie einen Fotografen ein Bild für die Website machen. Wie oben beschrieben, sollte ein persönliches oder telefonisches Dankeschön sowie ein schriftliches Dankesschreiben des Schulleiters/Trainers und eine Dankesurkunde kurz nach der Veranstaltung erfolgen.

BRONZE-SPONSOR

Ihr dritthöchster Sponsor: Werben Sie auf Ihrer Website. Der Schulleiter könnte ihren Namen erwähnen und ihnen zusammen mit den anderen Sponsoren und Spendern danken. Sie sollten ein schriftliches Dankeschön vom Schulleiter/Coach und eine Dankesurkunde erhalten.

ALLE ANDEREN SPONSOREN

Wenn Sie einen Veranstaltungsflyer oder ein Placemat für den Abend planen, sollten Sie die Namen und Logos der Gold-, Silber- und Bronzesponsoren in der Größe der gespendeten Beträge angeben. Dies ist auch ein guter Ort, um die anderen Sponsoren zu präsentieren, die Sie unterstützt haben.

Viele Menschen nehmen diese Zeitpläne als Andenken mit nach Hause. Achten Sie darauf, dass er professionell gemacht ist, und Ihre Sponsoren werden sich sehr darüber freuen, ein Teil davon zu sein.

Selfies und Fotos

"Wertschätzung ist eine wunderbare Sache. Sie bewirkt, dass das, was an anderen hervorragend ist, auch uns gehört."

Voltaire

Wenn Sie Gäste bei Ihren Veranstaltungen haben, haben Sie viele Möglichkeiten, das Profil Ihrer Schule oder Ihres Teams zu schärfen.

Bitten Sie Ihre Gäste, Selfies und/oder Gruppen-/Tischfotos zu machen. Ermutigen Sie sie, sich zu beteiligen und allen anderen zu zeigen, wie viel Spaß sie haben.

Vergewissern Sie sich, dass sie um Erlaubnis bitten, bevor sie ein Foto von einer anderen Person veröffentlichen.

Wenn Ihre Schule oder Ihr Team eine eigene Facebook-Seite und ein Twitter-Konto hat, erinnern Sie Ihre Gäste daran, auch Ihre Seite mit einem Hashtag zu versehen. Auf diese Weise können Sie vielleicht sogar Spenden sammeln oder potenzielles neues Interesse an Ihrer Schule oder Ihrem Team wecken.

CHEATERS

Wenn Sie einen Quizabend veranstalten, wird es immer ein oder zwei Gäste geben, die versuchen werden, die Antworten nachzuschlagen.

Erinnern Sie Ihre Gäste daran, dass es sich um Betrug handelt und dass Sie, wenn Sie erwischt werden, ein Bußgeld zahlen müssen, und nennen Sie die Höhe des Betrags. Das Bußgeld wird eine Spende für Ihre Spendenaktion sein.

Da alle Teilnehmer aus demselben Grund an der Veranstaltung teilnehmen - um Geld für Ihre Schule oder Ihr Team zu sammeln - ist es am besten, wenn Sie den Zuwiderhandelnden von vornherein sagen, dass sie für den guten Zweck eine Geldstrafe zahlen müssen.

Sorgen Sie dafür, dass Ihr MC Bescheid weiß. Bitten Sie alle, nach Betrügern Ausschau zu halten. Manche betrügen vielleicht sogar absichtlich und werden erwischt - nur um mehr Geld zu spenden!

Schablonen

Es ist erstaunlich, welche Vorlagen Sie online finden können - und das kostenlos.

Suchen Sie nach:

UNTERNEHMENSSPONSORING

DANK AN DIE UNTERNEHMEN

BITTE UM SPENDEN VON UNTERNEHMEN.

Unter der Idee für einen Trivia-Abend habe ich einen Musterbrief für eine Spendenaufforderung beigefügt.

Die Verwendung einer Vorlage kann praktisch sein, aber wenn Sie keine finden, können Sie mit Ihrem Team ein Brainstorming machen, um die Arbeit zu erledigen.

Timing

Man sagt, dass es bei der Planung einer Veranstaltung auf den richtigen Zeitpunkt ankommt - und das stimmt auch.

Wenn eine Veranstaltung erfolgreich ist und die meisten Mittel einbringt, werden auch andere Schulen oder Teams davon profitieren wollen. Das heißt, wenn Ihre Veranstaltung die letzte in einer Reihe mit mehreren anderen ist, werden Sie Schwierigkeiten (oder potenzielle Schwierigkeiten) haben:

Sponsoren & Preise

Wir alle denken, dass unser Team oder unsere Schule die einzige ist, aber wenn Ihre Freiwilligen anfangen, Unternehmen um Spenden zu bitten, wenn Ihre Veranstaltung die letzte ist und 4 oder 5 (oder mehr) Freiwillige vor Ihnen da waren und um Spenden gebeten haben - dann ist die Wahrscheinlichkeit groß, dass das Unternehmen leer ausgeht.

Die meisten lokalen Unternehmen unterstützen gerne lokale Schulen und Mannschaften, aber manchmal überschreiten sie ihre Ressourcen, und manchmal dringen andere Schulen und Mannschaften in Ihr Gebiet ein und kommen Ihnen zuvor. Dagegen gibt es kein Gesetz, also muss man darauf vorbereitet sein.

Informieren Sie sich darüber, welche Spendenaktionen in Ihrer Region bereits geplant sind, bevor Sie den Termin für Ihre Veranstaltung festlegen.

Prüfen Sie online auch das Vorjahr.

Versuchen Sie, Ihre Veranstaltung einzigartig und ERST zu machen.

Treffen nach der Veranstaltung

Nach Ihrer Veranstaltung sollten Sie immer ein Treffen mit unserem Team einplanen. Warten Sie nicht zu lange, sonst vergessen Sie vielleicht wichtige Informationen, die Ihnen bei der Veranstaltung im nächsten Jahr helfen und/oder ausschlaggebend dafür sind, ob es sich lohnt, dieselbe Veranstaltung zu wiederholen. Planen Sie Ihr Post-Event-Meeting nicht später als 7 Tage nach Ihrer Veranstaltung.

MITGLIEDER DES UMFRAGETEAMS

Es könnte sich lohnen, eine kurze Umfrage an alle Teammitglieder, die an der Veranstaltung teilgenommen haben, zu verschicken und sie zu bitten, die Veranstaltung auf einer Skala von 1 bis 10 zu bewerten und ein Feedback zu geben. Diese Informationen können bei Ihrem Treffen nützlich sein.

TROMMELWIRBEL

Sind Sie bereit für die 103 Fundraising-Ideen?
Lassen Sie beim Lesen Ihre Fantasie spielen.
Seien Sie bereit, je nach Situation MIX & MATCH zu betreiben.
Wir leben in einer seltsamen Zeit - mit dieser Pandemie - aber es werden immer noch Mittel benötigt.
Ich habe entsprechende Vorschläge hinzugefügt, um Sie zu unterstützen.
Lesen Sie jetzt FUNDRAISE!

103 FUNDRAISING-IDEEN

1. TRIVIA-ABEND

Fangen wir mit diesem Gedanken an, denn in gewisser Weise ist es das komplizierteste Ereignis, oder es kann es sein, wenn man keinen Plan hat.

Und diese Veranstaltung allein kann Ihr jährliches Brot-und-Butter-Ereignis sein.

Es ist auch eine Gelegenheit für mich, die Ideen einzubringen, die unser Team - mehr als einmal - ausprobiert hat und die erfolgreich waren.

In Klammern gebe ich die Nummer der Fundraising-Idee an, die weiter unten in den 103 Ideen näher erläutert wird - so können Sie sehen, wie einfach es ist, Fundraising-Ideen zu mischen und anzupassen, um Ihre Ziele zu erreichen.

Dies ist also der Plan, der Ihnen Schritt für Schritt erläutert wird. Die Anleitung für Ihr Fundraising-Event von Anfang bis Ende.

Wenn Sie erst einmal eine Grundlage haben, sind dem Himmel keine Grenzen gesetzt!
Das Volk

Zunächst würde ich empfehlen, dass Sie einen Ausschuss mit mindestens 5 Personen und sich selbst bilden.

Das Wichtigste zuerst

Wählen Sie ein Datum und eine Uhrzeit für Ihre Veranstaltung.

Sobald Sie ein Datum und eine Uhrzeit haben, brauchen Sie einen Ort. Hoffentlich kann die Schule oder die Sportveranstaltung Sie unterbringen, aber wenn nicht, müssen Sie sich vielleicht bei örtlichen Hallen, Vereinen und Schulen umsehen. Man könnte meinen, es sei eine seltsame Idee, eine andere Schule für Ihre Veranstaltung anzusprechen, aber es ist tatsächlich eine gute Idee.

Warum? Wenn Sie eine Vorschule sind und Ihre Kinder demnächst eine andere Schule besuchen, ist dies eine hervorragende Möglichkeit, andere Eltern kennenzulernen, die an der Teilnahme an Ihrer Veranstaltung interessiert sein werden. Es ist eine hervorragende Möglichkeit zum Networking. Suchen Sie immer nach Gelegenheiten zum Networking. Versuchen Sie, den Saal kostenlos zu bekommen. Erkundigen Sie sich nach der Verfügbarkeit von Tischen und Stühlen, Kücheneinrichtungen (falls erforderlich) und Waschräumen.

DER PLAN

Wie wollen Sie die Mittel aufbringen?

1. Tickets für die Trivia Night Veranstaltung verkaufen - Thema oder nicht?

2. Stille Auktion
3. Gewinnspiele
4. Spiele

5. Trivia

6. Essen und Trinken

Für die meisten der oben genannten Punkte werden Sie Spenden benötigen. Dies garantiert, dass die Kosten für Ihre Veranstaltung gering sind.

So wird's gemacht:

Jetzt, da Sie den Termin und die Räumlichkeiten haben, können Sie mit der Planung der Preise beginnen. Sie werden überrascht sein, wie viele Unternehmen bereit sind, Preise zu spenden; Sie müssen sie nur fragen. Ich würde vorschlagen, dass Sie eine Person aus Ihrer Gruppe mit diesem Projekt betrauen.

Sie sollten ein Schreiben formulieren und es per E-Mail an potenzielle Spender senden. In diesem Stadium sollte kein Unternehmen von der Liste gestrichen werden. Erstellen Sie eine Excel-Tabelle mit den Namen, Kontaktnamen, Telefonnummern und E-Mail-Adressen der einzelnen Unternehmen.

Wenn Sie dies tun, wird die Liste für die Zukunft Gold wert sein.

Musterschreiben:

Sehr geehrte Herren/Frauen,

Die XXXXXX-Schule, gegründet am XXXX, ist eine gemeinnützige Organisation, die Familien in der Region qualitativ hochwertige XXXXX zu einem erschwinglichen Preis anbietet.

Die Schule wird von über XX Familien besucht, die in den folgenden Vororten wohnen: LIST VORORTE.

Die Mittelbeschaffung ist eine wichtige Aufgabe für unseren Ausschuss.

Fundraising ermöglicht es uns, IHRE ZIELE ZU LISTEN.

Die Mitglieder unseres Fundraising-Ausschusses bitten um Spenden zur Unterstützung von GEBEN SIE DEN NAMEN UND DAS DATUM IHRER VERANSTALTUNG AN.

Es ist die Politik des Komitees, alle Spender durch Beispiele zu würdigen - Auktionsnewsletter, Platzierung auf der Veranstaltung, soziale Medien - und zu erklären, wie Sie ihre Spende würdigen werden. Darüber hinaus erhalten Sie eine "Anerkennungsurkunde" von der Schule.

Wir würden es begrüßen, wenn Ihre Organisation unsere Schule als einer der Sponsoren für das JAHR unterstützen würde.

Mit freundlichen Grüßen,

IHR NAME STEHT HIER

ANGABEN ZU IHRER SCHULE/IHREM VEREIN FINDEN SIE HIER

FUNDRAISING-IDEEN

Liste der korporativen/institutionellen Geber

Um eine Liste potenzieller Spender zu erstellen, suchen Sie nach potenziellen Spendern in Form einer "A-Liste" von Unternehmen, die von einer Teilnahme profitieren würden.

Zum Beispiel: Museen, Kinos, Zoos und Einkaufszentren. Alle diese Unternehmen werden per E-Mail kontaktiert.

Eltern können auch spenden, wenn sie ein eigenes Unternehmen besitzen oder für jemanden arbeiten, der dies tut.

Vergessen Sie nicht, im Newsletter oder im Monatsbericht der Schule oder der Veranstaltung, für die Sie tätig sind, um Spenden von Eltern zu bitten.

WALK ABOUT

Teilen Sie die Gebiete um Ihre Veranstaltung in Vororte oder Straßen ein und statten Sie Ihr Team mit dem oben genannten Brief aus. Sie sollten jedes der lokalen Unternehmen in ihrem Gebiet besuchen und über Ihre Schule bzw. Ihr Team und die Veranstaltung berichten.

Fragen Sie die Unternehmen, ob sie einen Preis oder einen Geschenkgutschein spenden würden. Einige werden sich sofort entscheiden, andere brauchen ein paar Tage, um sich zu entscheiden. Am besten sagen Sie ihnen, dass Sie an einem bestimmten Tag vorbeikommen werden.

Seien Sie freundlich und positiv, auch wenn sie nicht spenden. Geben Sie ihnen kein schlechtes Gewissen oder Schuldgefühle.

Danken Sie ihnen immer für ihre Zeit.

Ist die Bitte um eine Spende Betteln?

Diese Frage ist mir schon oft gestellt worden, und die Antwort lautet immer NEIN.

Sie sind nicht die einzigen Eltern, die dieses Unternehmen um eine Spende bitten.

Wenn sie nicht zu Ihnen ja sagen, dann werden sie zu jemand anderem ja sagen.

Warum also nicht Sie und Ihre Veranstaltung?

Erinnern Sie sich an das Rollenspiel? Wenn nicht, blättern Sie zurück. Es kann nicht schaden, wenn Sie sich noch einmal über die Einzelheiten der Spendenannahme informieren.

Außerdem haben Sie ihnen in dem obigen Schreiben angeboten, dass ihr Geschäft auf Ihrer Veranstaltung beworben wird und sie ein Zertifikat erhalten, das sie in ihrem Geschäft ausstellen können.

Die meisten Unternehmen sind gerne bereit zu helfen. Wenn Sie professionell sind und ihnen einen Vorteil bieten, dann betteln Sie nicht. Es ist eine WIN WIN Situation.

Hinweis an den federführenden Ausschuss -

Wer dies als "Betteln" empfindet, nachdem ihm die obigen Informationen erläutert wurden, sollte nicht von

Angesicht zu Angesicht in die Geschäfte gehen und um Spenden bitten.

WAS SONST NOCH ZU TUN IST

Erstellen Sie Plakate, um Ihre Veranstaltung zu bewerben.

Informieren Sie sich in den lokalen Zeitungen, ob sie eine Rubrik für kostenlose Veranstaltungen haben.

Rufen Sie den örtlichen Radiosender an und fragen Sie, ob er Ihre Veranstaltung kostenlos bewerben wird.

Bitten Sie die Schule oder die Veranstaltung, in ihrem Newsletter für die Veranstaltung zu werben und Plakate aufzuhängen.

Bitten Sie die Eltern, über ihre Netzwerkpartner für die Veranstaltung zu werben.

Beginnen Sie mit dem Verkauf von Eintrittskarten für Ihre Veranstaltung.

ZEREMONIENMEISTER

Gibt es ein Elternteil, das Erfahrung hat und ein guter Zeremonienmeister für Ihre Veranstaltung wäre? Wenn ja, fragen Sie sie, ob sie verfügbar sind.

Wenn niemand geeignet ist, brauchen Sie vielleicht die Hilfe eines lokalen "Prominenten", der diese Rolle übernimmt. Vielleicht könnte jemand vom lokalen Radiosender seine Zeit zur Verfügung stellen?

Wenn Sie niemanden finden, der geeignet ist, könnte der Schulleiter oder der Trainer die Gelegenheit nutzen, um sich an der Spendenaktion zu beteiligen und im Mittelpunkt zu stehen.

Sollte keine der oben genannten Möglichkeiten funktionieren, finden Sie in der nächsten Liste Trivia Questions einen alternativen Vorschlag.

QUIZFRAGEN

Es gibt Unternehmen, die Ihnen vorgefertigte Trivia-Fragen und Antworten verkaufen. In einigen Fällen können Sie sogar ein bestimmtes Thema wählen. Die Kosten variieren, aber das könnte Ihnen viel Zeit sparen.

Bei einigen Unternehmen ist sogar ein Zeremonienmeister im Paket enthalten.

Prüfen Sie, ob dies für Ihre Veranstaltung geeignet ist. Würde es sich lohnen, das Geld zu investieren, um vor allem Zeit zu sparen? Ist in Ihrem Budget noch Platz?

Diese Fragen kann nur Ihr Ausschuss beantworten.

Aus Gründen der Vertraulichkeit kann es durchaus von Vorteil sein, wenn die Fragen und Antworten von einem externen Unternehmen verwaltet werden.

KARTENVERKAUF

Sobald Sie sich auf einen Preis geeinigt haben, sollten Sie die Leute bitten, ein Team zusammenzustellen.

Schauen Sie sich zunächst den Saal an und entscheiden Sie, wie viele Tische hineinpassen und überschaubar sind. Zehn ist eine respektable Zahl, aber ich empfehle, dass nicht mehr als zwölf Personen an den Tischen sitzen sollten.

Denkt daran, dass ihr für jeden Spieler der drei besten Teams einen Preis organisieren müsst.

Dazu später mehr.

Die Karten können im Vorverkauf oder an der Abendkasse erworben werden.

Wenn Sie eine Reservierung für einen Tisch erhalten, bitten Sie die Person, einen Namen für ihr Team zu wählen. Dies kann am Abend geschehen, aber es ist einfacher, alles zu organisieren, wenn Sie Tickets verkaufen und Tische in Blöcken von Teams füllen.

ESSEN UND WEIN

Der Verkauf von Speisen und Wein kann Ihren Abend wirklich verkomplizieren. Wenn Sie Alkohol verkaufen, müssen Sie wahrscheinlich eine Lizenz beantragen.

Erkundigen Sie sich bei Ihrer Gemeindeverwaltung oder Stadtverwaltung, bevor Sie dafür werben, dass Alkohol angeboten wird.

Eine Möglichkeit wäre BYO (bring your own) Alkohol, wenn die Einrichtung damit einverstanden ist. Sie können Weingläser aus Plastik verkaufen. Es ist gut, eine Auswahl an Wasser und Softdrinks anzubieten.

Beim Essen ist es am besten, es einfach zu halten. Man könnte eine Käse- und Obstplatte vorbereiten und auf jeden Tisch stellen.

WO WIR GERADE DABEI SIND...

Machen Sie eine Liste mit allen Vorräten, die Sie für die Nacht benötigen. Es gibt einige Dinge, die Sie immer brauchen werden. Sie können die Liste je nach Bedarf ergänzen. Seien Sie immer darauf vorbereitet, lieber zu viel als zu wenig zur Hand zu haben:

- Weingläser

- Servietten

- Käse

- Kekse

- Brezeln

- Obst

- Nüsse

- Toilettenpapier

- Papierhandtücher

- Müllsäcke

- Erfrischungsgetränke

- Schalen

- Platten

- Strohhalme

- Tassen

- Bleistifte

- Papier

- Tombola-Loshefte

- Quittungsbuch

- Eine Flasche Scotch

- 12 Flaschen Wein

- 12 Preise

- 12 Holzlöffel

- Geleebohnen

- Kaffeebohnen mit Schokoladenüberzug

Dies sind einige der wichtigsten Dinge, die Sie immer brauchen werden.

Wenn Sie sie in großen Mengen gespendet bekommen können, sparen Sie Zeit (und Geld).

Sie brauchen Stauraum - bitten Sie die Schule, einen Raum zur Verfügung zu stellen, und/oder bitten Sie die Eltern, Gegenstände zu lagern.

Wenden Sie sich für Spenden an Ihr örtliches Lebensmittelgeschäft. Wenn es sich um eine Kette handelt, müssen Sie mit dem örtlichen Manager sprechen (und ihm einen Brief übergeben), der ihn dann an denjenigen weiterleitet, der die Entscheidung trifft, an welche Schule/Team gespendet wird. Die meisten haben ein monatliches Budget (vor Ort), aber wenn Ihr Bedarf die vorhandenen Mittel übersteigt (da sie bereits an andere Schulen/Teams gespendet haben), kann es einige Zeit dauern, bis sie von der Zentrale Mittel erhalten, um Ihnen zu helfen.

ALS ERSTER DA SEIN

Das Wichtigste ist, dass Sie sich zuerst mit einem Brief an die örtlichen Unternehmen wenden. Einige Unternehmen verfügen über ein monatliches Budget, das sie an lokale Schulen und Teams spenden. Andere müssen möglicherweise Geld von ihrer Zentrale beantragen.

Einige Geschäftsinhaber bieten Ihnen einen Geschenkgutschein an, den Sie in ihrem Geschäft einlösen können, um die meisten der oben genannten Waren zu kaufen.

Nachdem Sie alle Möglichkeiten für Spenden genutzt haben, bitten Sie die Eltern, alles zu spenden, was Sie noch nicht haben. Der Newsletter der Schule oder des Teams ist der perfekte Ort, um Artikel aufzulisten und um Hilfe zu bitten.

Wichtiger Tipp #9
Wenn Sie einkaufen oder ein lokales Geschäft besuchen, denken Sie an die Dinge auf Ihrem Wunschzettel. Informieren Sie die Person in Ihrem Team, die für diesen Bereich zuständig ist, über das Geschäft, damit sie nach dem gewünschten Artikel fragen und gegebenenfalls nachfassen kann.

SPENDENEINGANG
Führen Sie eine aktive Liste der benötigten Artikel und streichen Sie sie ab, sobald sie eingehen. Dies sollte eine andere Liste sein - mit den wichtigsten benötigten Gegenständen. Gegenstände, die Sie selbst kaufen müssen, wenn Sie sie nicht gespendet bekommen.

Sie werden viele Spenden von Gegenständen erhalten, die Sie für Preise verwenden können. Diese müssen Sie bis zur Veranstaltung irgendwo aufbewahren.

Als Fundraising-Koordinator müssen Sie dafür sorgen, dass Sie oder jemand, den Sie damit beauftragen, den Überblick über alle Spenden behalten.

WIE WERDEN SIE DIE SPENDEN VERTEILEN?
Sie müssen entscheiden, wie Sie die ausgewählten Spenden nutzen wollen, um die meisten Mittel aufzubringen, z. B:
STILLE AUKTION
TÜRPREISE
RAFFLES
TISCH- UND SPIELPREISE.
Sie müssen auch eine Liste führen, aus der hervorgeht, welche Spende von welchem Unternehmen gespendet

wurde, um vor und während der Veranstaltung Werbung zu machen. Auch für die Danksagung nach der Veranstaltung.

MIKROFON

Erkundigen Sie sich bei Ihrer Schule, ob sie ein Mikrofon für Ihren Zeremonienmeister hat. Wenn nicht, erkundigen Sie sich bei einer Schule in der Nähe, ob Sie eines mieten können oder ob sie es Ihnen gerne zur Verfügung stellen würden. Vielleicht haben Sie etwas, womit Sie ihnen bei einer ihrer Veranstaltungen helfen können?

RICHTER

Es werden drei Juroren empfohlen, die während des Trivia-Abends Entscheidungen treffen. Sie kennen die Regeln und sind in der Lage, im Falle eines Unentschiedens zu entscheiden oder Streitigkeiten zu schlichten und am Ende jeder Fragerunde die Antworten auszuwerten und die Gewinner zu ermitteln.

Wichtiger Tipp #10

Zwei Kampfrichter sind ausreichend, aber drei Kampfrichter - einer als Reserve - sind die beste Lösung. Sie wollen nicht versuchen, am Abend der Veranstaltung einen Richter zu finden, weil jemand krank ist.

Spiele

Oben haben wir bereits einige Spiele angedeutet. Zwischen den Runden, wenn die Preisrichter die Ergebnisse auswerten, ist es eine gute Gelegenheit, sich zu amüsieren und mit Spielen etwas Geld zu verdienen.

Hier sind einige, die wir für erfolgreich befunden haben:

Kopf und Schwanz #37

Prüfen Sie unter Ihrem Stuhl

Count the Jellybeans #15
Spirituosenschrank #10
Pop a Balloon #14.

STILLE AUKTION (#11)

Damit können Sie viel Geld verdienen, aber es erfordert eine Menge Organisation. Sie müssen die Gegenstände aus gespendeten Gegenständen auswählen und einen Bieterbogen erstellen. Die Teilnehmer bieten zwischen den einzelnen Runden in von Ihnen festgelegten und auf dem Bietblatt aufgeführten Schritten für die Gegenstände. Die Gegenstände sollten auf demselben Tisch wie die Bietblätter ausgestellt werden. Die Gebotsblätter sollten den Artikel, den Wert und die Anzahl der Artikel enthalten und Platz für den Bieter lassen, damit er seinen Namen, den Namen und die Klasse des Kindes sowie sein Gebot eintragen kann. Wenn Sie nicht nur für interne Bieter bieten, sollten Sie auch die Telefonnummer auf dem Formular angeben.

Wertvolle Gegenstände, die wie Geschenkgutscheine entwendet werden könnten, sollten nicht ausgestellt werden. Stattdessen sollte ein Umschlag mit dem Verwendungszweck des Gutscheins oder eine Fotokopie ausgestellt werden. Damit soll verhindert werden, dass Gegenstände durch Diebstahl oder Verlust verloren gehen.

Ihr Moderator sollte die Teilnehmer daran erinnern, ihre Gebote zwischen den einzelnen Runden zu überprüfen. Vor der letzten Runde sollte der Moderator um eine letzte Gebotsrunde bitten. Wenn die letzte Runde von Trivia gespielt werden kann, sollte jemand aus eurem Team die Gebotsblätter einsammeln.

Die Gewinnergebote können von Ihrem Moderator tabellarisch erfasst und bekannt gegeben werden. Am Ende des Abends können die Teilnehmer ihre Preise in Empfang nehmen, den Betrag ihres Gewinngebots bezahlen und ihren Preis auf dem Weg nach draußen abholen.

Erstellen Sie auch eine Liste aller Gegenstände, die bei der stillen Auktion zu gewinnen sind, und legen Sie diese Liste vor Beginn der Veranstaltung auf jeden Tisch. Das ist kostenlose Werbung und wird die Teilnehmer dazu bringen, die Gegenstände, an denen sie interessiert sind, genauer zu untersuchen und zu entscheiden, wie viel sie bereit sind, für den Preis zu zahlen.

BESCHISSENE GESCHENKE #13

Hier bitten Sie die Eltern in der Schule, ein "beschissenes Geschenk" zu spenden, das sie erhalten haben.

Diese Idee hat viel Spaß gemacht - und ist eine hervorragende Möglichkeit für Eltern/Lehrer, Unordnung zu beseitigen.

Hinweis: Sie sollten vielleicht im Spaß erwähnen, dass die Eltern, die an der Veranstaltung teilnehmen, nicht beleidigt sein sollten, wenn etwas, das sie geschenkt haben, auf dem "Crappy Gift Table" erhältlich ist. Das kommt vor, also erwähnen Sie es am besten im Voraus.

Schließlich können sie auf diese Weise Dubletten, unerwünschte neue oder fast neue Artikel loswerden - und das alles für einen guten Zweck.

SCRATCHIE-BAUM #38

Bitten Sie im Newsletter Ihrer Schule oder Ihres Teams alle Eltern, ein oder mehrere Lotterielose (Scratchies) für einen Scratchie-Baum zu spenden. Was genau ist ein Scratchie Tree? Das können Sie selbst entscheiden. Vorschläge: Wenn Ihre Veranstaltung in der Nähe von Weihnachten stattfindet, könnten Sie entweder eine Verlosung durchführen oder einen falschen (oder echten) Weihnachtsbaum verwenden und alle Lose entweder mit Klebeband befestigen oder aufhängen. So wissen Sie im Voraus, wie viele Lose Sie haben. Addieren Sie den Wert aller Lose zusammen.

Machen Sie daraus eine stille Auktion, die an den Höchstbietenden geht. Der Gewinner nimmt den Baum und alle Lotterielose mit nach Hause.

Wichtiger Tipp #11

Ein Foto des Scratchie-Baums kann am Tisch der stillen Auktion ausgestellt werden. Geben Sie auf dem Gebotsformular den Gesamtwert der gezahlten Rubbellose an und den möglichen Gewinn als UNBEGRENZT oder DER HIMMEL IST DAS LIMIT.

Bewahren Sie den Baum an einem vereinbarten Ort auf dem Grundstück auf.

Dadurch wird verhindert, dass Lose herunterfallen und/oder während der Stillen Auktion verloren gehen.

Kopf und Schwanz #37

Stellen Sie auf jeden der Tische eine Schale. Wir haben festgestellt, dass Plastikschüsseln am besten funktionieren - vor allem, wenn Alkohol serviert wird. Es geht weniger kaputt.

Bitten Sie alle Teilnehmer, eine 1,00 $-Münze in die Schale zu werfen.

Ihr braucht Freiwillige, die das Geld für jede Runde aus den Schalen einsammeln.

Der Zeremonienmeister stellt Fragen und die Teilnehmer müssen entscheiden, ob die Antwort Kopf oder Zahl ist.

Die Teilnehmer scheiden in jeder Runde aus.

Der Gesamtsieger erhält einen Preis. Der Gewinner ist die letzte Person, die noch steht.

Pop a Balloon #14

Wenn Sie viele kleine Preise haben, ist ein Pop-A-Ballon-Tisch ein effektiver Weg, um Spaß mit ihnen zu haben. In allen Ballons befinden sich Zahlen. Sie müssen aufschreiben, welche Zahl sich in jedem Ballon befindet, und dann einen Preis für diese Zahl zuweisen.

Die Kunden zahlen einen bestimmten Preis, wählen einen Ballon aus, lassen ihn platzen - und erhalten den für diese Zahl vorgesehenen Preis.

Jeder gewinnt!

Werfen Sie eine Münze/Coin Toss! #28

Stellen Sie eine Flasche mit Alkohol (am besten Scotch) auf den Boden. Bitten Sie die Teilnehmer, abwechselnd eine Münze in Richtung der Flasche zu werfen. Wer mit seiner Münze am nächsten an der Flasche dran ist, gewinnt die Flasche.

Sie könnten zwei Veranstaltungen einrichten, eine mit Münzwurf und eine mit Münzeinwurf. Beide sind die gleichen Konzepte - und es würde ein anderer Preis vergeben werden.

Halten Sie ein Maßband bereit, für den Fall, dass zwei oder mehr Rollen am engsten beieinander liegen.

Raffles #101

Um eine Tombola zu veranstalten, müssen Sie Lose verkaufen. Das funktioniert gut, wenn Sie größere und wertvollere Preise haben.

Verpacken Sie vor der Veranstaltung die Preise und stellen Sie am Abend einen Tisch zur Verfügung, um die Tombola zu präsentieren und zu bewerben.

Du brauchst ein Glas oder eine Schüssel für die Ticketabschnitte.

Bitten Sie den Moderator, zwischen den Runden eine Durchsage zu machen, damit die Freiwilligen wissen, dass sie Lose verkaufen werden.

Geben Sie vor der letzten Trivia-Runde die Gewinner über Ihren Moderator bekannt und bitten Sie die Gewinner, ihre Preise abzuholen.

SCHAUEN SIE UNTER IHREN STUHL

Nachdem Sie die Tische aufgestellt haben, platzieren Sie einen Preis unter einem Stuhl auf jedem der Tische des Teams.

Bitten Sie den Moderator, dass alle unter ihren Stühlen nachsehen sollen. Derjenige, der auf diesem Platz sitzt, gewinnt den Preis.

Dies ist eine hervorragende Möglichkeit, übrig gebliebene Spenden zu verwenden.

Hinweis: Es ist nicht ratsam, dieses Spiel bei jedem Trivia-Abend zu verwenden, da die Leute sonst unter ihre Stühle schauen, bevor sie ihren Platz wählen. Mischen Sie es, damit sie nie wissen, wann.

Count The Jellybeans (With a Twist) #15

Jeder liebt es zu raten, wie viele Jellybeans in einem Glas sind - vor allem, weil der Gewinner das Glas mit nach Hause nehmen darf.

Probieren Sie doch mal etwas anderes aus - stellen Sie zwei Gläser bereit, eines mit Gummibärchen für die Junggebliebenen und eines für die anderen, die etwas Exotischeres wie mit Schokolade überzogene Kaffeebohnen bevorzugen.

Wenn Sie beide Optionen zur Verfügung haben (oder eine), müssen Sie Mittel für den Kauf der Artikel (und Gläser) bereitstellen.

Hinweis: Sie können auch Spenden von Unternehmen für diese Gegenstände erhalten, wenn Sie darum bitten.

Übertragen Sie jemandem die Aufgabe, die Gegenstände in der Dose zu zählen. Es ist praktisch, die Antwort unter den Deckel zu kleben - achten Sie darauf, dass er fest verschlossen ist. Sie können sogar etwas Klebeband darum herum anbringen.

Warum?

Wir hatten nämlich einen Fall, in dem eine Teilnehmerin beschloss, das Glas mit den schokoladenüberzogenen Kaffeebohnen zu öffnen, um sie zu probieren, da sie sie zuvor noch nicht probiert hatte. Anmerkung: Sie mochte sie nicht.

Um eine Nachzählung zu vermeiden, kleben Sie das Glas mit Klebeband ab und behalten Sie es genau im Auge.

DANKESCHÖN-TISCHSETS

Wichtiger Tipp #12

Wenn ein Unternehmen etwas spendet - bitten Sie Ihren Freiwilligen, eine Visitenkarte zu sammeln. Verwenden Sie die Karten, um Tischsets zu erstellen

- eine pro Person - auf jedem Tisch während der Veranstaltung.

Wenn Sie sich für die Erstellung von Xcel Spreadsheets begeistern, dann wird es Ihnen leicht fallen, ein Tischset zu erstellen, um für alle Unternehmen zu werben, die durch die Spende eines Preises geholfen haben.

Geben Sie den Namen, die Adresse und die Telefonnummer jedes Unternehmens in die Platzdeckchen-Vorlage ein. Wenn Sie etwas Ausgefallenes machen wollen, können Sie eine Reihe mit den wichtigsten Spendern und deren Logo einfügen.

Oben in der Vorlage stehen Wörter wie:

HELFEN SIE UNS, UNSEREN GROSSZÜGIGEN Spender und Förderer

Wichtiger Tipp #13

Bitten Sie eine andere Person als die, die das Tischset erstellt hat, alles Korrektur zu lesen, bevor Sie die endgültigen Kopien ausdrucken.

Wenn Sie die Unternehmen, die gespendet haben, mit einem Dankesschreiben und/oder einer Urkunde besuchen, bringen Sie auch eine Kopie der Platzierung mit, damit sie sehen können, dass sie auf der Veranstaltung wie versprochen gefördert wurden.

Das ist eine hervorragende Möglichkeit, denjenigen, die Ihnen geholfen haben, einen Auftrag zu erteilen.

Mit etwas Glück sind sie nächstes Jahr wieder mit an Bord.

TRIVIA-PREISE

Sie benötigen Preise für den Gewinnertisch.

Eine für jede Person des Gewinnerteams.

*Flaschen mit Wein sind immer beliebt.

(Bitten Sie ein örtliches Restaurant, eine Kneipe oder ein Weingut um Spenden).

Zweiter Preis?

Wenn ihr beschließt, Preise an das zweitplatzierte Team zu vergeben, braucht ihr einen für jede Person in diesem Team.

*Die gleichen Artikel aus dem Dollarstore waren bei unseren Veranstaltungen immer sehr beliebt.

Schlechteste Tabelle

Sie bräuchten einen Preis für jedes Teammitglied der unterlegenen Mannschaft.

*Holzlöffel mit umgebundenen Bändern waren bei unseren Veranstaltungen immer sehr beliebt.

IN DER NACHT

Die Tische sind also ausverkauft und alles ist aufgebaut und bereit für den Abend.

Sie haben zwei Personen an der Tür, die das Eintrittsgeld kassieren.

Die Tische sind mit Plakaten, Lebensmitteln, Gegenständen der stillen Auktion und einer Schale mit Münzen bestückt.

Der MC ist bereit, ebenso wie die Richter.

Sie haben zwei Personen, die bereit sind, Geld einzusammeln und die Artikel der Stillen Auktion zu verteilen, bevor der Abend zu Ende ist.

Jetzt müssen Sie nur noch Spaß haben und zusehen, wie das Geld fließt.

Ach, wenn es doch nur so einfach wäre!

Halten Sie die Augen offen. Erwarten Sie das Unerwartete.

ÜBER DAS GELD

Achten Sie darauf, dass es bei jedem Mini-Event sicher aufbewahrt wird.

Übertragen Sie einem Mitglied Ihrer Mannschaft die Verantwortung für das Einsammeln des Geldes nach jedem Spiel.

Sammeln Sie am Ende der Nacht das gesamte Geld ein und bewahren Sie es in einem Safe auf.

Bringen Sie das Geld auf die Bank, sobald diese öffnet.

Teilen Sie allen mit, wie viel Sie abzüglich der Ausgaben verdient haben.

Was war Ihr Ziel? Haben Sie es erreicht?

Treffen

Führen Sie eine Sitzung mit Ihrem Team durch und halten Sie fest, was gut und was schlecht gelaufen ist und was gut war. Machen Sie sich Notizen für den Ausschuss des nächsten Jahres.

Nachbereitung

Denken Sie daran, dass Sie für jedes Unternehmen, das gespendet hat, eine Anerkennungsurkunde ausstellen müssen.

Den auswärtigen Unternehmen oder Hauptverwaltungen, die Ihnen Spenden zukommen ließen, müssen Sie die Bescheinigung per Post oder, wenn sie nichts dagegen haben, per E-Mail zusenden, damit sie sie selbst ausdrucken können.

Bei lokalen Unternehmen sollte idealerweise dieselbe Person, die die Spende gesammelt hat, das Unternehmen persönlich besuchen.

Vergessen Sie nicht, ihnen mitzuteilen, wie viel Sie gesammelt haben, und sich persönlich für ihre Spende zu bedanken.

FUNDRAISING-IDEEN

2. BRATWURST/HOTDOG SIZZLE

Wenn Ihre Kinder Sport treiben oder Sie Geld für ein Sportereignis sammeln, dann ist dies die perfekte Gelegenheit, um Geld zu sammeln.

Sie können in der Nähe ihrer Samstagsspiele einen Grill aufstellen und Würstchen und/oder Hotdogs verkaufen.

Prüfen Sie zunächst, ob Sie eine Genehmigung vom Park benötigen. Erkundigen Sie sich auch bei lokalen Einrichtungen wie Einkaufszentren und Geschäften, die Organisationen die Möglichkeit bieten, mit einer solchen Veranstaltung vor ihren Geschäften Geld zu sammeln.

Was Sie benötigen:

Würstchen/Hot Dogs

Brötchen

Gewürze (Ketchup, Senf, Relish, BBQ-Sauce)

Zwiebeln

Geriebener Käse

Essiggurken

Servietten

Erfrischungsgetränke

Eis

BBQ

BBQ-Geräte

Schürzen

Wasser (zum Händewaschen)

Antibakterielle Seife

Papierhandtücher

Schachtel mit Plastikhandschuhen

LEBENSMITTELSPENDEN:

Wenden Sie sich an einen örtlichen Metzger und/oder ein Lebensmittelgeschäft und bitten Sie um eine Spende eines/aller der oben genannten Artikel. Besorgen Sie qualitativ hochwertige Fleischwaren. Was Sie in den Geschäften nicht gespendet bekommen, bitten Sie die Eltern zu spenden oder zu kaufen. Stellen Sie sicher, dass Sie ein Budget zur Verfügung haben.

Schwimmer

Legen Sie einen Floater für Wechselgeld an. Notieren Sie, wie viel der Floater ist, und ziehen Sie es später von den Gewinnen ab.

BBQ und Geräte

Wenn Sie Ihren eigenen Grill mitbringen müssen, sorgen Sie für den Transport zur und von der Veranstaltung.

Zustellungslizenz

Erkundigen Sie sich, ob Sie eine Lizenz für die Gastronomie benötigen.

Beim Servieren von Speisen

Befolgen Sie die festgelegten Lebensmittelrichtlinien. Zumindest:

Legen Sie das Brötchen auf eine Serviette in Ihrer Handfläche.

Würstchen/Hotdog in das Brötchen legen.

Geben Sie es an den Kunden weiter.

Erlauben Sie den Kunden, ihre eigenen Gewürze hinzuzufügen.

Wenn mehrere Kunden gleichzeitig da sind, kann es sinnvoll sein, einen Freiwilligen für das Auftragen der Gewürze abzustellen, damit der Bereich frei bleibt und die Schlange nicht abreißt.

FUNDRAISING-IDEEN

3. KOSTÜM-PARTY

Dies kann mit einem Trivia-Event verbunden werden oder eine separate Veranstaltung sein.

Bitten Sie die Leute, sich zu verkleiden und in einen gemieteten Saal oder ein Haus zu kommen, wenn Sie es kleiner halten wollen.

Sie können Preise für die besten und schlechtesten Kostüme vergeben.

Sie können Spenden sammeln, indem Sie Spiele spielen.

Schauen Sie sich die Rubrik Spiele an und entscheiden Sie, welche Spiele Sie in Ihre Kostümparty einbauen möchten.

Vielleicht möchten Sie auch einen Filmabend mit einplanen.

FUNDRAISING-IDEEN

4. TANZ

Ich würde vorschlagen, dass Sie eine bestimmte Ära - z. B. Musik aus den Achtzigern - als Thema wählen und die Leute einladen, in Kleidung aus dieser Zeit zu kommen.

Sie müssten einen Saal, Tische und Stühle organisieren.

Für die Musik können Sie einen DJ engagieren oder einfach ein paar Playlists auf Ihrem Handy zusammenstellen, wenn Sie ein Soundsystem haben. Das ist alles eine Frage des Budgets.

Wenn Sie Alkohol anbieten möchten, müssen Sie möglicherweise eine Lizenz beantragen.

Schauen Sie sich die Notizen für die Trivia Night an, und Sie können Ideen für Spiele und Spaß an diesem Abend verwenden.

FUNDRAISING-IDEEN

5. DIP & SIP

Laden Sie eine Gruppe von Freunden zu einer Verwöhnsession ein.

Als Gruppe könnten Sie beschließen, sich gegenseitig die Nägel, die Pediküre, die Haare usw. zu machen, um Geld für Ihre Schule oder Ihr Team zu sammeln. Sie könnten auch ein Mittagessen oder Fingerfood anbieten, falls gewünscht.

Alternativ könnten Sie diese Veranstaltungen auch vermieten und eine Spende aus den Einnahmen für Ihre Schule oder Ihr Team verlangen. Auf diese Weise könnte jeder mitmachen.

Das Eintauchen kann so einfach sein wie das Eintauchen der Füße in ein mit Ölen gefülltes Wasserbecken.

Zum Schlürfen ist Champagner sehr zu empfehlen.

Wenn Sie Ihr "Dip and Sip" in einem Ihrer Häuser veranstalten, müssen Sie zusätzliche Handtücher bereithalten, aber Ihre Unkosten können relativ gering bleiben.

Was Sie brauchen:
- Duftende Lotionen

- Öle

- Rosenblütenblätter

- Murmeln

- Wasserbecken oder extragroße Schüsseln

- Sitzplätze

- Handtücher

- Champagner

- Champagner-Gläser.

Jeder Teilnehmer benötigt eine Schale oder ein Becken, das groß genug ist, um die Füße hineinzutauchen. Diese kann man in großen Mengen im Supermarkt kaufen.

Eine Veranstaltung im Freien an einem sonnigen Tag im Garten wäre ein schönes Ambiente. Bereiten Sie einen Tisch vor, auf dem der Champagner in einem Eimer kühlt und die Gläser bereitstehen.

Bevor Ihre Gäste eintreffen, stellen Sie Stühle auf, der Tisch steht in der Nähe. Stellen Sie ein Waschbecken vor jeden Stuhl und ein Handtuch auf jeden Sitz.

Legen Sie eine Handvoll Murmeln in jedes Becken, so dass die Murmeln die Fußsohlen der Gäste massieren, wenn diese ihre Füße hineinstellen.

Wenn die Gäste eintreffen, geben Sie warmes Wasser, duftendes Öl und Rosenblütenblätter in jedes Becken.

Öffnen Sie den Champagner, reichen Sie die Gläser herum.

Das Verwöhnprogramm kann beginnen!

FUNDRAISING-IDEEN

6. KONZERT

Sie denken vielleicht, dass es angebracht wäre, eine große Rockband wie U2 zu engagieren, aber das meine ich ganz und gar nicht.

Lokale Bands brauchen Publikum und Aufmerksamkeit und sind oft bereit, ihr Talent für eine Benefizveranstaltung zu spenden, mit der sie sich identifizieren können. Noch besser ist es, wenn ein Elternteil der Band ein Kind an Ihrer Schule oder in Ihrem Team hat.

Wenn Sie eine Band engagieren müssen, könnte das Ihre Unkosten ziemlich in die Höhe treiben, daher würde ich diese Option nicht empfehlen.

Wenn Sie jedoch Beziehungen haben, brauchen Sie nur einen Veranstaltungsort zu mieten, Eintrittskarten zu verkaufen, das Konzert bekannt zu machen und die Gelder fließen zu lassen.

Vergewissern Sie sich, ob bei Ihrer Stadt oder Gemeinde Genehmigungen für Lärm, Müllabfuhr usw. erforderlich sind.

FUNDRAISING-IDEEN

7. KARAOKE-PARTY

Dies ist eine ausgezeichnete Option, wenn Sie jemanden in Ihrer Gruppe haben, der eine Karaoke-Maschine oder sogar ein Wi-Fi oder eine Xbox hat. Im letzteren Fall brauchen Sie mehr als ein Mikrofon, einen großen Bildschirm, um den Text zu zeigen, und dann können Sie einen Veranstaltungsort und ein Datum wählen und mit dem Kartenverkauf beginnen.

Sie können ein Thema oder eine Musikepoche für Ihre Party wählen, wenn Sie möchten, aber das ist nicht empfehlenswert, da es Ihr Zielpublikum einschränken könnte.

Sie können die Gäste bitten, als Bands oder Musiker verkleidet zu kommen und Preise zu vergeben - siehe oben unter Details zur Kostümparty.

Sie können eine beliebige Anzahl von Aktivitäten einbauen, wie z. B. eine stille Auktion, Spiele usw.

Es liegt an Ihnen, wie groß diese Spendenaktion sein soll.

FUNDRAISING-IDEEN

8. BINGO-SPIEL

Bingo ist ein lustiges Spiel für die ganze Familie, aber dafür braucht man eine Bingo-Maschine. Diese können gemietet werden, aber mit ein bisschen Fantasie kann man auch selbst eine Maschine improvisieren.

Sie müssen dann Bücher mit Bingokarten und Blotters kaufen.

Sie könnten um Spenden und Preise bitten, ähnlich wie bei der Trivia Night, und sogar jemanden beauftragen, den Abend für Sie zu moderieren.

FUNDRAISING-IDEEN

9. BACKWARENVERKAUF

Damit diese Aktion ein voller Erfolg wird, müssen Sie sich außerhalb Ihres Veranstaltungsbezirks bewegen und dorthin gehen, wo sich die Kunden aufhalten. Ich schlage vor, Sie sprechen mit Ihrem örtlichen Einkaufszentrum oder einer großen Ladenkette und fragen, ob Sie an einem Samstagmorgen - dem geschäftigsten Tag der Woche - einen Kuchenverkauf vor deren Türen durchführen können.

Möglicherweise benötigen Sie eine Lizenz oder eine Genehmigung für den Umgang mit Lebensmitteln; erkundigen Sie sich bei Ihrer Gemeindeverwaltung.

Nachdem Sie sich für einen Tag entschieden und Ihren Veranstaltungsort gebucht haben, ist der nächste, besonders wichtige Schritt die Kontaktaufnahme mit einer Cake Box (Papierfirma) und die Frage, ob diese Boxen spendet.

Für einen erfolgreichen Kuchenverkauf ist es von Vorteil, wenn die Artikel in Kartons ausgestellt werden. Außerdem können Sie die Backwaren so leichter transportieren und ausstellen.

Backwaren

Bitten Sie alle Eltern in Ihrem Team oder an Ihrer Schule, mindestens ein Gebäckstück zu spenden. Bitten Sie die Eltern, die Waren am Morgen des Verkaufs zu einem bestimmten Ort zu bringen, wo Sie sie aufladen und zum Veranstaltungsort transportieren können.

- Was Sie sonst noch mitbringen sollten:

- Schulbroschüren/Flyer

- Legen Sie ein Tischtuch auf die Ausstellungstische

- Ein kleines Sieb und einen Behälter mit Puderzucker mitbringen

Verschönern Sie die Tische mit dem Tischtuch. Wenn Sie die Sachen in den Schachteln zur Schau stellen, streuen Sie etwas Puderzucker darüber. Dieser Tipp ist besonders wirkungsvoll für Eltern, die keine Zeit hatten, selbst etwas zu backen und/oder etwas gekauft haben. Er verleiht dem Ganzen eine kleine persönliche Note.

Unglaublich, dass manche Leute gekaufte Produkte bevorzugen.

Andere Dinge, die man sich merken sollte:
Verkaufen Sie keine einzelnen Scheiben.
Verkaufen Sie nur ganze Torten oder Kuchen.
Vereinfachen Sie die Preise.
Ein Preis für Kuchen, einer für Torten.
Sobald Sie ausverkauft sind, sind Sie für den Tag fertig.
ERFRISCHUNGSGETRÄNKE UND WASSER IN FLASCHEN
Erkundigen Sie sich bei dem Unternehmen, das Ihre Veranstaltung ausrichtet, ob Sie alkoholfreie Getränke und abgefülltes Wasser verkaufen dürfen.

Wenn sie sagen, dass es in Ordnung ist, können Sie um Spenden von Wasser und Softdrinks bitten.

Wenn Sie viele Spenden erhalten oder sich dafür entscheiden, alkoholfreie Getränke und Wasser in Flaschen zu kaufen, benötigen Sie auch Eis - und Kühlboxen.

Außerdem müssen Sie die Preise für die Getränke so gestalten, dass Sie kein Geld verlieren, wenn Sie sie im Voraus bezahlen.

Wenn Sie Spenden erhalten oder Getränke in großen Mengen kaufen, können Sie weniger verlangen - aber denken Sie daran, dass Sie einen Gewinn erzielen wollen.

FUNDRAISING-IDEEN

10. SPIRITUOSEN-SCHRANK

Das klingt nach einer seltsamen Idee, aber es macht tatsächlich Spaß.

Bitten Sie zunächst die Eltern, eine oder zwei Flaschen eines beliebigen Schnapses zu spenden, den sie vorrätig haben. Ungeöffnet - versteht sich, aber nur für den Fall...

Sie können auch um Spenden von örtlichen Restaurants, Bars, Kneipen usw. bitten.

Wickeln Sie bei Ihrer Veranstaltung ein Kettenglied um die gesamte Spirituose - daher der Name. Sie können das Schließfach mit Geschenkpapier und einer Schleife verpacken, um den Effekt zu verstärken.

Sie benötigen ein Schloss an der Vorderseite des Schnapsschranks.

Vor der Veranstaltung müssen Sie einen Wert für den Spirituosenschrank festlegen. Wie hoch wäre der Lagerwert für alle angesammelten Flaschen?

Sie verkaufen dann während Ihrer Veranstaltung Tickets.

Dies war bei unseren Fundraising-Veranstaltungen sehr beliebt.

Erinnern Sie die Leute bei jeder Gelegenheit daran, Tickets zu kaufen.

Nach dem Verkauf aller Eintrittskarten und zu einem festgelegten Zeitpunkt stellen sich die Inhaber der Eintrittskarten in einer Reihe auf und erhalten jeweils einen Schlüssel, aber nur ein Schlüssel öffnet den eigentlichen Schnapsschrank.

Man kann der Erste in der Schlange sein oder der Letzte, das ist das Spannende an dieser Veranstaltung.

Der Gewinner nimmt den gesamten Inhalt des Schließfachs mit nach Hause.

FUNDRAISING-IDEEN

11. STILLE AUKTION

Wie bereits im Rahmen des Trivia-Abend-Events besprochen, können Sie mit dieser Aufgabe viel Geld verdienen, aber sie erfordert viel Organisation.

Sie müssen die Gegenstände aus gespendeten Gegenständen auswählen und einen Gebotsbogen erstellen. Die Teilnehmer bieten zwischen den Runden (während die Jury die Antworten prüft) für die von Ihnen ausgewählten und auf dem Gebotsbogen aufgeführten Gegenstände in bestimmten Schritten.

Die Gegenstände sollten auf demselben Tisch wie die Bietblätter ausgestellt werden. Die Gebotsblätter sollten den Artikel, den Wert und die Anzahl der Artikel enthalten und Platz für den Bieter lassen, damit er seinen Namen, den Namen und die Klasse des Kindes sowie sein Gebot eintragen kann. Wenn es sich nicht nur um Bieter im Haus handelt, sollten Sie auch die Telefonnummer auf dem Formular angeben.

WERTVOLLE ITEMENTE

Wertvolle Gegenstände, die gestohlen werden könnten, wie z. B. Gutscheine, sollten nicht ausgestellt werden. Stattdessen sollte ein Umschlag mit dem Wert des

Gutscheins oder eine Fotokopie ausgestellt werden, um zu verhindern, dass Gegenstände verloren gehen. Bitten Sie die Teilnehmer, zwischen den einzelnen Runden Gebote abzugeben. Bitten Sie vor der letzten Runde um eine letzte Runde von Geboten und sammeln Sie dann die Bögen ein. Die Gewinnergebote können tabellarisch aufgelistet werden, und am Ende des Abends können die Teilnehmer ihre Preise abholen und den Gewinnbetrag bezahlen.

Erstellen Sie außerdem eine Liste aller zu versteigernden Gegenstände und legen Sie diese Liste auf jeden der Tische. Die Teilnehmer können vor Beginn der Auktion auswählen, auf welche Artikel sie bieten möchten, und sich für die verfügbaren Artikel begeistern.

(Weitere Einzelheiten finden Sie unter Punkt 1 der Trivia Night).

FUNDRAISING-IDEEN

12. AUKTION

Wenn Sie Ihre Veranstaltung um eine Auktion erweitern möchten, benötigen Sie zunächst einmal einen Auktionator oder Moderator. Zweitens brauchen Sie einen Ort, an dem die Veranstaltung stattfinden kann. Legen Sie dann das Datum und die Uhrzeit fest und bitten Sie um Spenden für die zu versteigernden Gegenstände.

Einige Fundraising-Ideen für die Auktion:

- Versteigerung von Urkunden anstelle von Gegenständen:

- Eltern spenden ihre Zeit, um anderen Eltern zu helfen (z. B. Babysitten, Einkaufen usw.).

- Eltern spenden ihre Dienste, um andere Eltern zu unterstützen (Druckdienste, Rasenmähen usw.)

Sie können eine Kombination der oben genannten Punkte durchführen.

Seien Sie kreativ.

AUCH WICHTIG:

Wenn Sie alles vorbereitet haben, müssen Sie Blätter vorbereiten, damit der Auktionator/MC weiß, welchen Startpreis Sie wünschen.

Es wäre sinnvoll, ein Stammblatt zu erstellen, das die Besucher beim Eintritt unterschreiben. Sie geben Ihnen ihren Namen, ihre Adresse, ihre Telefonnummer und den Namen und die Klasse ihres Kindes an. Sie könnten ihnen dann eine entsprechende Ausschreibungsnummer geben.

Es wäre auch sinnvoll, die Auktionsgegenstände auszustellen, damit die Bieter die Gegenstände vor dem Bieten betrachten können.

Wenn Sie alles vorbereitet haben, sollten das Einsammeln des Geldes und die Aushändigung der Waren sehr einfach sein. Sie können entscheiden, ob Sie nur Bargeld, Schecks oder Lastschriften akzeptieren wollen (eventuell müssen Sie einen Kartenautomaten besorgen).

FUNDRAISING-IDEEN

13. BESCHISSENE GESCHENKE

Wir haben diese Fundraising-Idee unter dem Dach des Trivia-Abends angesprochen, aber es ist möglich, daraus eine eigene kleine Veranstaltung zu machen.

Bitten Sie Eltern, Lehrer und die Gemeinde, unerwünschte oder fast neue Gegenstände zu spenden. Wir nennen sie "Schrottgeschenke".

Betrachten Sie diese Idee als ein Mittel gegen Unordnung. Frühjahrsputz für Geschenke, die Sie nicht wollten oder brauchten (oder von denen Sie keine Ahnung haben, wofür sie bestimmt sind).

Ich möchte noch einmal darauf hinweisen, dass man mit dem Thema Spaß haben sollte. Es muss euch nicht peinlich sein, wenn eines eurer Geschenke für den "Crappy Gift Table" gespendet wird.

Schließlich können sie auf diese Weise Dubletten oder unerwünschte neue oder fast neue Artikel loswerden - alles für einen guten Zweck. Nichts Persönliches.

FUNDRAISING-IDEEN

14. BALLON-PREISE

Wenn Sie viele kleine Preise für eine große Veranstaltung haben, ist es eine effektive Möglichkeit, sich mit ihnen zu vergnügen, wenn Sie Zahlen in einen Ballon stecken und die Leute sie platzen lassen.

Sie zahlen für den Ballon und gewinnen den Preis, der dieser Zahl zugeordnet ist.

Alles, was Sie dafür brauchen, sind Preise und Luftballons.

Wenn Sie viele Preise haben, kann es sich lohnen, eine Ballonaufblasmaschine oder -pumpe zu mieten oder zu kaufen.

FUNDRAISING-IDEEN

15. ZÄHLE DIE GELEEBOHNEN (MIT EINEM TWIST)

Jeder liebt es zu raten, wie viele Jellybeans in einem Glas sind.

Wir hatten Erfolg mit zwei Gläsern, einem für Erwachsene und einem für die Kinder.

Vor unserer Veranstaltung stellten wir uns vor der Schule auf und die Kinder boten auf das Gummibärchen-Glas.

Bei der Trivia Night gab es ein Glas mit schokoladenüberzogenen Kaffeebohnen, deren Anzahl die Erwachsenen erraten mussten.

Sie können auch etwas anderes als Kaffeebohnen verwenden, da diese etwas teuer sein können. Wir haben unsere von einem spezialisierten Großhändler gespendet bekommen, aber heutzutage führen sie auch einige Lebensmittelgeschäfte.

FUNDRAISING-IDEEN

16. PRALINEN VERKAUFEN

Es gibt viele etablierte Unternehmen, die Schokoladentafeln in großen Mengen kaufen und alles für Sie organisieren, damit Sie Schokolade (oder andere Artikel) an die Eltern in Ihrer Schule usw. verkaufen können.

Bei diesen Unternehmen behalten Sie nicht den gesamten Gewinn, aber sie geben Ihnen alles, was Sie brauchen, um eine erfolgreiche Spendenaktion durchzuführen, und da Zeit Geld ist, könnte dies für Ihre Schule oder Ihr Team geeignet sein.

Informieren Sie sich online über die Möglichkeiten in Ihrer Nähe.

Wenn Sie ein lokales Unternehmen haben, das seine eigenen Süßwaren/Schokoladen herstellt, können Sie vielleicht auch eine Partnerschaft mit ihm aushandeln.

FUNDRAISING-IDEEN

17. WEIN VERKAUFEN

Dies ist eine weitere organisierte Veranstaltung, bei der Sie Weinflaschen verkaufen.

Es wird alles für Sie organisiert und der Papierkram wird Ihnen übergeben. Sie verkaufen den Wein und erhalten einen Prozentsatz des Gewinns.

Sie müssen den Wein unbedingt probieren, bevor Sie ihn empfehlen.

Bitten Sie darum, dass Ihrem Freiwilligenteam vor Beginn des Verkaufs ein paar Gratisflaschen zugeschickt werden.

Das hilft Ihnen, falls der Wein nicht so gut ist, wie Sie es sich wünschen (oder die Eltern es wünschen).

Als Spendensammelaktion kann das gut funktionieren, aber nur, wenn die Kunden mit dem Produkt selbst zufrieden sind.

FUNDRAISING-IDEEN

18. HANDABDRÜCKE

Dies eignet sich hervorragend, wenn Ihr Kind in der Vorschule oder im Kindergarten ist und die Lehrkraft direkt mit Ihrem Freiwilligenteam an diesem Projekt arbeiten möchte.

Der Lehrer würde von jedem Kind in der Klasse einen Handabdruck nehmen. Die Handabdrücke werden dann mit einem Etikett versehen und zum Verkauf angeboten.

Die Eltern kaufen sie als Spendensammelaktion für das Klassenzimmer.

Wenn ein Laminiergerät vorhanden ist, können gegen einen Aufpreis Kopien für Großeltern und andere Familienangehörige angefertigt werden.

Ausgezeichnete Weihnachtsgeschenke.

FUNDRAISING-IDEEN

19. GARTENZWIEBELN ODER SAATGUT

Dies ist eine weitere Veranstaltung, für die Sie wahrscheinlich Organisatoren in Ihrer Gegend finden können.

Ihre Schule würde vor der Pflanzsaison eine Reihe von Blumenzwiebeln oder Samen im Voraus verkaufen.

Sie würden einen Gewinn aus den Verkäufen erzielen, nicht den gesamten Betrag.

Die Glühbirnen werden an die Schule geliefert und dort verteilt.

Die Verschönerung und Anlage eines Gartens an Ihrer Schule kann die Gemeinschaft fördern und Eltern und Kinder zur Zusammenarbeit ermutigen.

Dies könnte ein eigenständiges Projekt sein, an das Sie andere Spendenaktionen wie z. B. ein Würstchen-/Hotdog-Brutzeln anschließen könnten.

FUNDRAISING-IDEEN

20. KALENDARIEN

Vielleicht können Sie ein externes Unternehmen beauftragen, einen Kalender für Ihre Schule zu erstellen, das wiederum alles organisiert, und Sie verkaufen die Kalender im Voraus.

Sie könnten von jeder Klasse ein Kunstwerk einreichen oder Sie könnten Klassenfotos verwenden.

Wenn Sie mit einer Firma zusammenarbeiten, erhalten Sie von ihr die erforderlichen Unterlagen und Formulare und sie wickelt das Geld ab. Sie erhalten dann einen Anteil an den Gewinnen aus den Aufträgen.

Die fertigen Kalender werden an Ihre Schule geliefert und dort verteilt.

Wenn Sie den Kalender lieber selbst machen und einen guten Drucker haben, können Sie mit Ihrem Team einen Kalender zusammenstellen, der einige der oben genannten Informationen enthält.

Das Design und das Konzept würden ganz Ihnen gehören und Sie könnten kreativer sein.

Es gibt einige kostenlose Vorlagen und Tools im Internet, die Ihnen bei der Erstellung Ihres Kalenders behilflich sind und die KOSTENLOS und relativ einfach zu benutzen sind, wie z. B:

CANVA.

Wenn Sie WORD verwenden, steht Ihnen auch eine kostenlose Vorlage zur Verfügung.

Wenn Sie für Vorlagen bezahlen möchten, suchen Sie online nach etwas, das in Ihr Budget passt.

Alternativ müssen Sie eine lokale Druckerei finden, die den Kalender für Sie zusammenbindet.

Wenn Sie nicht über das nötige Budget verfügen, können Sie auch einen 1-seitigen Kalender für das ganze Jahr erstellen, mit einem Foto oder einer Zeichnung oben auf jedem Kalender.

FUNDRAISING-IDEEN

21. SPRINGENDE BURG

Diese können hervorragend für Veranstaltungen im Freien geeignet sein, aber Sie müssen sich möglicherweise über Genehmigungen, Versicherungen und andere Vorschriften in Ihrer Gemeinde informieren.

Viele Unternehmen vermieten Hüpfburgen auf Provisionsbasis, d. h., Sie haben keine Vorkosten, aber nachdem der Mietbetrag für die Hüpfburg gedeckt ist, erzielen Sie Gewinne.

Bei schlechtem Wetter, wenn die Veranstaltung im Freien stattfindet, könnte dies eine riskante Spendenaktion sein.

Im Allgemeinen ist das keine gute Idee, wenn Sie sich nicht in einem zuverlässigen Klima befinden.

FUNDRAISING-IDEEN

22. AUTOPARKPLATZ VERANSTALTUNGSORT

Wenn Ihre Schule das Glück hat, in der Nähe eines Stadions, eines Parks, eines Konzerts oder eines anderen Ortes zu liegen, an dem sich die Öffentlichkeit versammelt, dann wäre es eine gute Idee, Parkplätze zur Verfügung zu stellen, wenn sie gebraucht werden (für einen bestimmten Tag oder eine bestimmte Veranstaltung).

Dies würde bedeuten, dass Sie auf der Mailingliste für alle Veranstaltungen stehen sollten, die in Ihrer Nähe stattfinden könnten. Das würde bedeuten, dass ein paar Eltern vor Ort sein müssten, um das Geld einzusammeln und dafür zu sorgen, dass die Autos sicher sind, während sie die Veranstaltung besuchen. Außerdem müssen sie nach der Veranstaltung dafür sorgen, dass alle wieder sicher nach Hause kommen.

Bei dieser Spendenaktion haben Sie keine Unkosten.

Am besten planen Sie an den Wochenenden, wenn die Schule geschlossen ist.

Sie benötigen möglicherweise eine zusätzliche Versicherung. Erkundigen Sie sich immer bei Ihrer

Gemeinde, Ihrem Staat oder Ihrer Provinz, bevor Sie Ihre Veranstaltung bewerben.

FUNDRAISING-IDEEN

23. GALA-TAG

Ein Gala-Tag ist eine große Veranstaltung, die viele der oben genannten Fundraising-Ideen umfassen kann.

Sie können auswählen, welche für Ihren besonderen Tag geeignet sind.

Da es sich um eine Veranstaltung im Freien handelt, ist das Wetter ein wichtiger Faktor für Ihren Erfolg.

Es sollte eine Vielzahl von Spielen, Veranstaltungen, Essen und Spaß umfassen, wie zum Beispiel:

HÜPFBURGEN
FAIR RIDES
SPORTLICHE AKTIVITÄTEN
FLOHMARKTVERKAUF
LIVE-MUSIK.

Wählen Sie aus diesen 103 Fundraising-Ideen und stellen Sie Ihr Programm für den Tag zusammen.

In diesem Fall ist eine Bühne mit Stühlen und vielleicht sogar ein Zelt für den Fall von schlechtem Wetter erforderlich.

Eine Beschallungsanlage würde die Feierlichkeiten bereichern und die Leute zu Ihrer Veranstaltung locken.

Ein Gala-Tag kann eine jährliche Veranstaltung sein.

Sobald Sie ein System eingerichtet haben und wissen, was funktioniert und was nicht.

FUNDRAISING-IDEEN

24. FILMNACHT

Dabei handelt es sich um eine Spendenaktion, bei der das Schulpersonal direkt beteiligt ist und die Eltern für ein paar Stunden ausgehen.

Die Kinder werden in ihren Schlafanzügen zu einer bestimmten Zeit an der Schule abgesetzt.

Den Kindern werden Pizza und alkoholfreie Getränke serviert, und sie sehen sich vorab genehmigte Filme an.

Hinweis: Prüfen Sie im Voraus, ob Ihre Kinder Allergien haben.

Eine Voranmeldung ist erforderlich, und eine vereinbarte Gebühr pro Familie wird im Vorfeld der Veranstaltung erhoben.

Es müssen feste Regeln aufgestellt werden.

Zum Beispiel:

Die Eltern bringen die Kinder um 17 Uhr nach Hause.

Die Eltern holen die Kinder um 21.00 Uhr ab.

Der Schulleiter und das Schulpersonal werden Ihre Kinder während der zugewiesenen Stunden betreuen. Ein Menü sollte im Voraus vereinbart werden, einschließlich der Getränke, und die altersgemäße Unterhaltung sollte im Voraus ausgewählt und beworben werden.

Die Schule hat die Namen und Telefonnummern aller Eltern für den Fall, dass ein Kind krank wird oder ein Elternteil das Kind nicht zur vereinbarten Zeit abholt.

Eine gute Fundraiserin mit extrem geringem Overhead.

Es ist eine Gelegenheit für die Schule oder die Teamleiter, auch den Eltern und Freiwilligen einen Abend frei zu geben.

FUNDRAISING-IDEEN

25. CASINO-NÄCHTE

Dieser Abend kann mit einer Reihe von Glücksspielen und Glücksspielaktivitäten gestaltet werden.

Empfohlene Casino-Spiele:

Blackjack-Tisch

Pokertisch

Roulette-Rad.

Wenn Sie über ein gewisses Budget verfügen, können Sie einige einarmige Banditen anheuern und sie für Ihre Veranstaltung aufstellen lassen.

Wenn das Budget gering ist, können Sie auch einige traditionelle Spiele einbauen:

Schach

Backgammon

Trivial Pursuit

Monopoly.

Hinweis: Sie benötigen wahrscheinlich eine Glücksspiellizenz (und eine Alkohollizenz).

Bringen Sie etwas Spaß mit:

Tür-Preise

Raffles

Stille Auktion.

Wenn Sie über ein gewisses Budget verfügen, können Sie die Veranstaltung mit einem Catering ausstatten oder sie als BYO-Veranstaltung durchführen.

FUNDRAISING-IDEEN

26. SCHNECKENRENNEN

Für diese Spendenaktion benötigen Sie einige lebende Schnecken. Je nach Jahreszeit findest du sie vielleicht in deinem Garten. Keine Sorge, sie werden nicht geschädigt.

Wir besuchten eine Salute To France Night -

Sie nannten es:

ESCARGOT LES COURSES.

Die Teilnehmer wählen eine ihrer Schnecken aus.

Auf dem Schneckenhaus ist ein Punkt angebracht - so weiß man, welche Schnecke zu welchem Kandidaten gehört.

Jede Schnecke wird in einer Reihe auf die STARTLINIE gesetzt.

EINSTELLEN EINES TIMERS

Zu einer bestimmten Zeit beginnt das Schneckenrennen.

Die Teilnehmer dürfen mit ihrer Schnecke sprechen, sie aber nicht anfassen.

Die erste Schnecke, die die FINISH-Linie überquert, gewinnt.

Der Gewinner des Wettbewerbs erhält einen Preis.

Die Schnecken werden dann sicher in den Garten zurückgebracht.

Siehe oben, wie Sie Preisgelder erhalten können.

Erkundigen Sie sich immer bei der Stadtverwaltung nach den Statuten.

KEY TIP #14

Legen Sie die Veranstaltung nicht auf den Trivia-Abend. Schnecken brauchen lange, um sich fortzubewegen - Sie wollen nicht, dass Ihre Veranstaltung die vorgesehene Zeit übersteigt, da viele Eltern einen Babysitter engagiert haben werden.

FUNDRAISING-IDEEN

27. TEE/KAFFEE AM MORGEN ODER AM NACHMITTAG

Dies ist eine schöne soziale Aktivität für Eltern und eine gute Spendenaktion.

Spenden: belegte Brote, Kuchen, Kekse, Teebeutel und Milch können von den Eltern als Spenden erbeten werden.

Richten Sie einen Raum mit Porzellantassen und Porzellangeschirr ein. Es ist auch schön, Tischwäsche und Servietten zu haben. Die Eltern der Schule können all diese Dinge ebenfalls spenden.

Erheben Sie eine Eintrittsgebühr.

Sie können den Schulleiter oder einige der Eltern bitten, das Wort zu ergreifen.

Kinder können auftreten.

Es handelt sich um ein gesellschaftliches Ereignis, bei dem die Eltern einander kennen lernen und gleichzeitig Geld für die Schule sammeln können.

FUNDRAISING-IDEEN

28. MÜNZWURF/MÜNZE WERFEN

Dies ist eine Ableitung der Münzrolle.

Die Leute warfen eine Münze in Richtung eines bestimmten Preises, und derjenige, der am nächsten dran war, gewann den Preis.

Eine Flasche Sekt oder anderer Alkohol kann gespendet werden und eignet sich ebenfalls gut dafür. Für die Kleinen wäre ein großes Stofftier gut geeignet.

Erkundigen Sie sich immer bei der Stadtverwaltung nach den Statuten.

FUNDRAISING-IDEEN

29. KOCHBÜCHER

Es gibt viele Organisationen, die Ihnen dabei helfen können, Spenden zu sammeln. Ein Klassenzimmer oder eine Schule würde um Rezepte bitten, die für ein Buch gespendet werden sollen. Die Leute würden dann die Bücher bestellen und ein Teil des Gewinns würde an die Schule gehen.

Es werden Ihnen Unterlagen zur Verfügung gestellt und Fristen gesetzt, die Sie unbedingt einhalten müssen.

Wenig bis gar kein Aufwand, wenn Sie sich an eines der Unternehmen wenden, die sich auf diesen Bereich spezialisiert haben.

MACHEN SIE ES SICH SELBST

DRUCKEN

Ein Kochbuch ohne Hilfe zu erstellen, kann sehr teuer werden, wenn man es alleine macht.

Wenn Sie einen guten Drucker, einen guten Grafiker in Ihrem Ausschuss oder Ihrer Gruppe und viel Freizeit haben, können Sie das Buch auch selbst erstellen. Eine örtliche Druckerei oder ein Fotokopierunternehmen könnte Ihnen bei Ihrem Vorhaben behilflich sein.

eBook

Wenn der Druck zu schwierig ist, können Sie ein eBook-Kochbuch entwerfen und erstellen. Im Internet gibt es mehrere Programme, die Ihnen dabei helfen.

Weitere Vorschläge finden Sie unter KALENDER - Fundraising-Idee Nr. 20.

FUNDRAISING-IDEEN

30. ETIKETTIERTER WEIN

Dies ist eine weitere organisierte Veranstaltung, bei der Sie Weinflaschen verkaufen.

Das Hauptargument bei diesem Produkt ist jedoch, dass die Weinetiketten das Logo Ihrer Schule oder Ihres Teams widerspiegeln werden.

Dazu benötigen Sie ein Logo, mit dem das Unternehmen ein passendes Etikett gestalten kann, aber ansonsten läuft es ähnlich wie beim Weinverkauf (siehe oben).

Oder Ihre Gruppe arbeitet mit einem lokalen Weinkeller zusammen und kreiert Ihren eigenen Wein und Ihr eigenes Branding.

Wie bereits erwähnt, ist es besonders wichtig, den Wein zu testen, bevor Sie das Unternehmen mit dem Logo Ihrer Schule oder Ihres Teams versehen lassen.

FUNDRAISING-IDEEN

31. SCHACH-TURNIERE

Wenn Sie ein paar Schachmeister in Ihrer Mitte haben, könnte dies eine lustige Vormittags- oder Nachmittags-Spendenaktion sein.

Fragen Sie Familien, ob sie ihre Schachbretter für die Veranstaltungen spenden können. Achten Sie darauf, dass Sie sie beschriften und in demselben Zustand zurückgeben, in dem Sie sie erhalten haben.

Sie könnten Eintrittskarten für die Schachturniere verkaufen.

Sie bräuchten Preise für den Sieger des Turniers und vielleicht auch für den Zweitplatzierten.

Sie können Spenden gemäß den oben genannten Anweisungen einholen.

Sie könnten Lebensmittel und alkoholfreie Getränke kaufen und diese verkaufen (oder um Spenden für diese Artikel bitten).

Sie bräuchten einen Moderator oder jemanden, der dafür sorgt, dass es im Saal ruhig ist, die Spieler in Bewegung bleiben und die Zeitvorgaben eingehalten werden.

Eine Zeitschaltuhr mit Weckfunktion wäre von Vorteil.

Erkundigen Sie sich immer bei Ihrer Gemeinde oder Ihrem Stadtrat nach den gesetzlichen Bestimmungen.

FUNDRAISING-IDEEN

32. BUCHSTABIERWETTBEWERB

Wenn Sie daran interessiert sind, die Kinder einzubeziehen und eine Veranstaltung zu organisieren, könnte der Buchstabierwettbewerb eine gute Option sein. Da Sie die Räumlichkeiten und eine Kontaktliste haben, bräuchten Sie nur noch ein Gerät, um die teilnehmenden Kinder aus jeder Klasse einzugrenzen. Der Schulleiter könnte als Moderator fungieren. Dies wäre auch eine hervorragende Möglichkeit, potenzielle neue Schüler kennen zu lernen und den Eltern Gelegenheit zu geben, Kontakte zu knüpfen.

Sie können einige der oben erwähnten Methoden anwenden, um Spenden von Preisen zu erhalten.

Sie könnten auch um Spenden für Speisen und Getränke bitten oder diese als Teil der Spendenaktion kaufen und verkaufen. Sie könnten auch ein Würstchen-/Hotdog-Brutzeln veranstalten.

Weiter oben finden Sie Ideen, mit denen Sie Ihre Spendenergebnisse abrunden und maximieren können.

FUNDRAISING-IDEEN

33. MUSIK-RÄTSEL-NACHT

Dabei handelt es sich um eine Version einer alten Fernsehsendung, die kürzlich überarbeitet wurde:
NENNE DIE MELODIE.

Wie bei der Trivia Night würden Sie die Teilnehmer bitten, Gruppen und Teams zu bilden. Sie würden auch einen Moderator benötigen.

Alternativ können Sie auch einen DJ engagieren oder eine thematische Playlist zusammenstellen. Diese lassen sich leicht über einen Computer oder ein Soundsystem abspielen.

Ziel des Spiels ist es, dass die Teams erraten, welcher Text als Nächstes kommt oder wie der Titel des Liedes lautet, von welchem Album es stammt, in welchem Jahr es veröffentlicht wurde oder wer der Sänger/die Band war.

Sie können einige der Spieloptionen aus den obigen Veranstaltungsvorschlägen verwenden.

Ich schlage vor, dass Sie auswählen, welche Elemente der Trivia Night Sie einbeziehen möchten, um Ihre Fundraising-Ergebnisse zu maximieren.

Der Verkauf von Eintrittskarten für diese Veranstaltung im Voraus würde den größtmöglichen Betrag einbringen.

Wenn Sie bereits zwei große Veranstaltungen für das Jahr haben, möchten Sie diese vielleicht zu einer Nebenveranstaltung machen. In diesem Fall ist es am besten, wenn Sie es nicht zu sehr verkomplizieren.

FUNDRAISING-IDEEN

34. GESCHENKKÖRBE

Es gibt viele Organisationen, die Geschenkkörbe als Spendenaktionen vorbereiten und Ihnen einen Teil des Gewinns auszahlen. Informieren Sie sich im Internet, welche Art von Präsentkorb Ihrer Meinung nach am besten verkauft werden kann und welche Jahreszeit für Ihre Spendenaktion geeignet ist.

Wenn Sie eine Organisation beauftragen, die alles für Sie zusammenstellt, sollte es relativ einfach sein und die Kosten sollten außergewöhnlich niedrig sein.

Sobald sie Ihnen die Flyer mit den Kosten für die Körbe schicken, senden Sie Kopien an die Eltern und diese bestellen entsprechend.

MACHEN SIE ES SICH SELBST

Sie müssen sich aber nicht unbedingt an eine externe Organisation wenden.

Dies kann ein Do-it-yourself-Projekt sein, bei dem Sie um Spenden von örtlichen Unternehmen bitten und Ihre Präsentkörbe zusammenstellen. Anschließend erstellen Sie eigene Flyer und/oder veranstalten einen Aktionstag, an dem die Leute Ihre Präsentkörbe kaufen können.

Wenn Sie sie mit einem bestimmten Tag, einer Veranstaltung oder einem Thema verbinden, könnte dies Ihren Umsatz wirklich steigern.

Beispiel:
Valentinstag-Körbe
Weihnachtskörbe
März-Pausen-Körbe.

FUNDRAISING-IDEEN

35. GRUSSKARTEN

Eine weitere beliebte Spendenaktion, die von Unternehmen organisiert werden kann, die sich auf diesen Bereich spezialisiert haben. Erkundigen Sie sich online nach dem passenden Angebot. Im Allgemeinen ist ein Paket mit Karten, die für jeden Anlass verwendet werden können, die beliebteste Investition.

Wie bei anderen organisierten Spendenaktionen erhalten Sie einen Teil des Gewinns, und alles ist so gut wie für Sie organisiert.

Hinweis: Versuchen Sie, nicht zu viele dieser Spendenaktionen im Laufe des Jahres zu veranstalten. Die Eltern haben ein begrenztes Budget, und sie mit immer neuen Veranstaltungen zu überraschen, kommt nicht gut an.

Wählen Sie ein paar Veranstaltungen aus, von denen Sie glauben, dass sie gut ankommen werden. Hören Sie auf das Feedback. Übertreiben Sie es nicht mit der Spendenaktion und verärgern Sie die Eltern nicht.

Versuchen Sie, auch aus anderen Quellen Geld zu beschaffen.

FUNDRAISING-IDEEN

36. COOKIE-LAUFWERK

Eine weitere hervorragende Spendenaktion, die so gut wie für Sie organisiert ist. Alles, was Sie tun müssen, ist, das Fundraising-Unternehmen zu finden, das am besten zu Ihrer Schule passt, und sich anzumelden. Sie werden Ihnen alles geben, was Sie für eine erfolgreiche Kampagne brauchen.

Wie oben beschrieben, erhält Ihre Schule/Ihr Team einen Teil des Gewinns.

Auch hier könnte Ihr Ausschuss ein Plätzchen-Backwochenende veranstalten und die selbstgebackenen Plätzchen verpacken und verkaufen. Dies ist eine hervorragende Gelegenheit, Menschen zusammenzubringen und ein stärkeres Gefühl für Ziele und Gemeinschaft zu schaffen.

Wenn man dann noch Kaffee hinzufügt, könnte das eine ziemlich lukrative Spendenaktion werden.

Vergessen Sie nicht, sich bei Ihrer Stadt- oder Gemeindeverwaltung über den Umgang mit Lebensmitteln oder andere eventuell erforderliche Genehmigungen zu informieren.

FUNDRAISING-IDEEN

37. KOPF UND ZAHL

Wir haben dieses Spiel im Rahmen des Trivia-Abends angesprochen, aber es kann eine sehr erfolgreiche und lustige Option für jeden Veranstaltungsabend sein.

Stellen Sie auf jeden Tisch eine leere Schale.

Der MC sollte erklären, wie das Spiel funktionieren wird.

Jedes Teammitglied wirft eine $1,00-Münze in die Schale.

Der Zeremonienmeister stellt Fragen und die Teilnehmer wählen, ob die Antwort Kopf oder Zahl ist.

Die letzte Person, die noch steht, ist der Gewinner.

Sie werden einen Preis erhalten.

Vergewissern Sie sich, dass das Geld sofort nach jedem Spiel von einem Ihrer Teammitglieder vom Tisch eingesammelt wird. So wird sichergestellt, dass die Schalen für die nächsten Spiele leer sind.

Das gesamte eingenommene Geld sollte zu einer Person gebracht werden, die während des Abends für die sichere Aufbewahrung des Geldes verantwortlich ist.

FUNDRAISING-IDEEN

38. SCRATCHIE LOTTERIELOS BAUM

Wir haben dies als ein Element der Trivia Night angesprochen, aber dieses Spiel kann eine ausgezeichnete eigenständige Spendenaktion oder ein Teil einer beliebigen Spendenaktion sein.

Bitten Sie die Eltern in Ihrer Schulzeitung, ein oder mehrere Rubbellose zu spenden. Erzählen Sie ihnen vom Rubbelbaum und der Veranstaltung, bei der sie mitbieten und vielleicht alle Lose gewinnen können.

Besuchen Sie örtliche Lottogeschäfte, Tante-Emma-Läden usw. mit einem Brief über Ihre Veranstaltung und bitten Sie um Spenden für den Kratzbaum. Sie werden überrascht sein, wie viele Geschäfte ein oder zwei Lose spenden werden.

Sie können sich aussuchen, ob Sie diesen Artikel bei Ihrer Veranstaltung als stille Auktion oder als Auktion anbieten möchten.

Wenn Sie diesen Artikel später am Abend Ihrer Veranstaltung versteigern, werden Sie wahrscheinlich das meiste Geld für Ihre Spendenaktion einnehmen.

Den Scratchie-Baum bauen

Zeichne den Umriss eines Baumes. Wenn Sie jemanden haben, der ein bisschen künstlerisch veranlagt ist, kann er ein Kunstwerk schaffen. Wenn nicht, reicht auch ein einfacher Umriss eines Baumes.

Verwenden Sie Klebeband (keinen Klebstoff) und kleben Sie die Karten einzeln auf den Baum.

Ein echter Baum

Wir hatten eine Spende eines Plastikbaums für unsere Spendenaktion. Wir konnten die Eintrittskarten mit Klebeband an den Ästen befestigen, und es sah wirklich toll aus.

Der Gewinner hat den Baum selbst und die Eintrittskarten gewonnen.

Sie können gerne improvisieren.

FUNDRAISING-IDEEN

39. KRIMI-ABEND

Es gibt viele Organisationen, die für Sie einen Krimiabend organisieren. Einige haben ihre eigenen Räumlichkeiten, andere kommen zu Ihnen. Sie müssen sich überlegen, wie Sie durch die Teilnahme an der Veranstaltung Geld einnehmen wollen.

Das Beste daran ist, dass Sie ein professionelles Unternehmen haben, das alles organisiert und für eine ausgezeichnete Veranstaltung sorgt.

Sehen Sie sich an, wie Sie einige der hier aufgelisteten Fundraising-Spiele während des Abends einbauen können, um Ihr Fundraising-Erlebnis zu maximieren.

Wenn Sie möchten, können Sie diese Spendenaktion als DIY-Veranstaltung durchführen. Alles, was Sie brauchen, ist Fantasie. Informieren Sie sich online über diese Veranstaltungen und organisieren Sie Ihre eigene Spendenaktion.

Vergessen Sie nicht, sich bei Ihrer Stadt- oder Gemeindeverwaltung nach eventuellen Verordnungen zu erkundigen.

FUNDRAISING-IDEEN

40. FACTORY OUTLET SHOPPING TOUR

Wer liebt es nicht, einzukaufen? Vor allem, wenn es auf die geschäftige Weihnachtszeit zugeht.

Es gibt viele Unternehmen, die alles für Sie organisieren, einschließlich des Busses, der Sie von Factory Outlet zu Factory Outlet bringt und dafür sorgt, dass Sie auf dem richtigen Weg bleiben und Ihre Gruppe möglichst viel einkaufen und ausgeben kann.

Sobald Sie ein Unternehmen gefunden haben, das die verschiedenen Verkaufsstellen besucht, die Sie den Eltern und Freunden Ihrer Schule oder Ihres Teams anbieten möchten, wird es Ihnen alle Informationen geben, die Ihnen helfen, die Leute zu registrieren und eine erfolgreiche Veranstaltung zu gewährleisten.

Denken Sie daran, dass in der Regel eine Mindestanzahl von Teilnehmern erforderlich ist, damit sich Ihre Shopping-Tour lohnt.

Ihre Schule/Ihr Team erhält eine prozentuale Beteiligung an den Gewinnen aus allen ausgegebenen Geldern.

Hinweis: Die Factory Outlets, die von Ihrer Schule oder Ihrem Team besucht werden, spenden oft Artikel für Ihre Bustour, je nachdem, wie viel Sie in ihrem Geschäft ausgeben. Diese Gegenstände können als Preise für Ihre Gäste dienen und sind ein guter Anreiz, an Ihrer Shopping-Tour teilzunehmen.

Dies ist eine ausgezeichnete und unterhaltsame Möglichkeit, Geld zu sammeln. Einmal im Jahr reicht in der Regel für diese Veranstaltung aus.

FUNDRAISING-IDEEN

41. GESCHIRRTÜCHER

Dies ist eine hervorragende Spendenaktion, insbesondere wenn Ihre Kinder eingeschult werden.

Es gibt Unternehmen, die alles für Sie organisieren, damit Sie die meisten Spendengelder sammeln können.

An Ihrer Schule

Die Lehrerinnen und Lehrer werden gebeten, jedes Kind in ihrer Klasse zu bitten, ein Porträt von sich selbst zu zeichnen und seinen Namen daneben zu setzen. Alle diese Zeichnungen werden dann auf ein Geschirrtuch mit dem Logo und der Jahreszahl der Schule übertragen.

Familien kaufen viele davon als Geschenke für Großeltern, Onkel, Tanten usw.

Ihre Schule erhält einen Teil des Gewinns.

FUNDRAISING-IDEEN

42. TEMPORÄRE TATTOOS & GESICHTSBEMALUNG

Aufgeklebte Tattoos machen viel Spaß und sind risikolos.

Sie können um Spenden bitten oder für wenig Geld eine ganze Reihe von temporären Tattoos kaufen.

Die Kinder stehen Schlange, um ein temporäres Tattoo ihrer Lieblingsfilm- oder Zeichentrickfigur zu erhalten.

Die Kosten sind gering, aber je nach Nachfrage werden Sie vielleicht 3 oder 4 Freiwillige brauchen, die die Tattoos auftragen.

Berechnen Sie für jede Tätowierung einen Mindestbetrag.

Beim Face-Painting ist es oft recht einfach, Eltern zu finden, die sich bereit erklären, den Kindern im Rahmen einer Spendenaktion das Gesicht zu bemalen, und die Zugang zu einem Set haben.

Wenn nicht, müssen Sie möglicherweise einen professionellen Gesichtsmaler für Ihre Veranstaltung engagieren und einen Prozentsatz festlegen, der vom Gewinn abgezogen wird.

Diese beiden Elemente gehen Hand in Hand und ziehen bei jeder ganztägigen Veranstaltung Familien an und machen Eltern und Kinder gleichermaßen unglaublich glücklich.

FUNDRAISING-IDEEN

43. MODENSCHAU

Als Spendenaktion kann eine Modenschau ein komplexes Ereignis sein, wenn man keinen Zugang dazu hat:

- A Bühne/Laufbahn

- Ein Designer

- Die Kleider eines Designers

- Modelle

- Ein MC

- Fotograf

- Musik.

Der erste Punkt auf der Liste kann mit einer Bühne und einem Podest an der Vorderseite realisiert werden, so dass die Models zwischen den Zuschauern laufen können.

Informieren Sie sich über die Kosten, bevor Sie weitermachen, und klären Sie Einzelheiten zu Versicherung, Zugang zu Ihrem Gebäude, Miete,

Installation und Abholung nach Ihrer Veranstaltung, bevor Sie zu Schritt 2 übergehen.

Wenn Sie einen aufstrebenden Designer in Ihrer Gegend kennen, der seine Kollektion bekannt machen möchte, dann könnte das eine gute Möglichkeit sein.

Wenn nicht, können Sie sich mit einem örtlichen Modegeschäft in Verbindung setzen oder eine entsprechende Quelle im Internet finden.

Ihre Spendenaktion basiert auf dem Verkauf von gespendeten Kleidern oder auf einem prozentualen Anteil aus dem Verkauf von Kleidern aus Ihrer Modenschau.

Wenn Sie keinen Zugang zu einem Designer haben, fahren Sie nicht mit Schritt 3 fort.

Wenn Sie Zugang zu einem Designer haben, wird er/sie Ihnen höchstwahrscheinlich einige Models vermitteln können. Wenn es in der Nähe eine Modelschule gibt, können Sie vielleicht Freiwillige für Ihre Veranstaltung anfordern und im Gegenzug dafür Werbung machen. Modelagenturen können Ihnen vielleicht helfen, und wenn Sie Glück haben, schicken sie Ihnen ein paar Freiwillige vorbei. Wenn nicht, könnte das Anheuern von Models sehr kostspielig werden.

Wenn Sie alle drei oben genannten Schritte befolgt haben, können Sie einen Abend für Ihre Veranstaltung auswählen und sicherstellen, dass alles für diesen Abend und diese Uhrzeit vorbereitet ist.

Jetzt brauchen Sie einen Moderator, der in der Lage ist, die Modelle zu beschreiben (Beschreibungen vorzulesen) und den Abend in Gang und auf Kurs zu halten. Der MC würde auch beschreiben, was die Models tragen, um das Publikum zu unterhalten, während sich die Models umziehen, und um das Tempo einer geschäftigen Auktion aufrechtzuerhalten.

Was wäre eine Modenacht ohne einen Fotografen? Finden Sie einen Freiwilligen, der während des Abends Fotos macht.

Tonanlage. Neben dem Mikrofon für den Moderator brauchen Sie auch Musik. Verwenden Sie eine Playlist auf Ihrem Handy oder Laptop mit Lautsprechern. Das ist alles eine Frage des Budgets.

Patenschaft

Bei einer so großen Veranstaltung können Sie einige Unternehmen als Sponsoren ansprechen. Sie können ihnen eine Beschilderung auf der Veranstaltung, eine Präsenz in den sozialen Medien und eine Anerkennungsurkunde nach der Veranstaltung anbieten. Seien Sie vorsichtig, wen Sie für das Sponsoring auswählen, da Sie keine Konflikte mit Ihrem Designer wollen.

Versenden Sie Einladungen an die Medien, um über Ihre Veranstaltung zu berichten.

Prüfen Sie, ob an Ihrem Veranstaltungsort Wein, Bier und Speisen verkauft werden dürfen. Wenn ja, können Sie einen höheren Preis für den Eintritt verlangen. Ich würde auch empfehlen, dass Sie um Spenden von Preisen bitten. Bitte befolgen Sie die obigen Anweisungen von Trivia Night.

Wenn sich der Designer bereit erklärt, mehrere Outfits zu spenden, können diese bei einer Auktion versteigert werden, während die Models auf dem Laufsteg sind.

Hinweis: Die Zuschauer haben möglicherweise nicht die Größe des Models auf dem Laufsteg. Sprechen Sie im

Vorfeld mit dem Designer darüber. Wenn er/sie bereit ist, das Outfit auf die Größe des Gewinners/der Gewinnerin zuzuschneiden, wird dies Ihr Gesamtergebnis verbessern. Wenn Sie mit einem Geschäft vor Ort zusammenarbeiten, wird man Ihnen sagen können, welche Größen dort verfügbar sind.

Vergessen Sie nicht, sich bei Ihrer Gemeinde nach Lizenzen und Versicherungen zu erkundigen.

Es handelt sich um eine große Veranstaltung, die ein Höchstmaß an Planung erfordert, aber das Ergebnis wird sich lohnen, wenn alles in Ordnung ist und Ihre Veranstaltung in einem Format präsentiert wird, das gut angesehen wird.

Wenn Sie einmal ein System für Ihre Veranstaltung haben, wird die nächste Veranstaltung einfacher sein.

EIN VERKAUFSTAG

Erwarten Sie, dass man Ihnen ein Angebot macht. Seien Sie bereit zu verhandeln. Sie wollen nicht alle unverkauften Waren für den nächsten Verkauf einlagern. Gehen Sie jedoch nicht zu weit nach unten, denn nach all der Arbeit, die Sie investiert haben, wollen Sie das beste Ergebnis erzielen.

Beachten Sie: Es wird Mitläufer geben, die so lange bleiben, bis der Verkauf so gut wie beendet ist, und die einen Tiefstpreis für einen Artikel erzielen wollen. Entscheiden Sie, ob Sie den Gegenstand bei der nächsten Veranstaltung wieder verkaufen können, wenn nicht, werden Sie ihn für den Preis los, den Sie dafür erzielen können.

Erkundigen Sie sich bei der Stadtverwaltung nach Genehmigungen oder Lizenzen für Ihre Veranstaltung.

Fügen Sie Elemente aus den obigen Vorschlägen hinzu. Je mehr Veranstaltungen Sie vor Ort haben, desto länger werden die Leute bleiben.

Wenn Sie möchten, können Sie auch Grundstücke verkaufen, damit andere ihre Artikel verkaufen können.

Wie das funktionieren könnte, erfahren Sie unter "Car Boot Sale" (nächster Punkt).

FUNDRAISING-IDEEN

44. VERKAUF DES WEISSEN ELEFANTEN

Ein White Elephant Sale ist wie ein riesiger Flohmarkt in der Gemeinde - ohne die Garage.

Da sie in hohem Maße von Spenden abhängig ist, sollte diese Veranstaltung am besten alle zwei oder drei Jahre stattfinden.

Für diese Aktion bitten Sie Eltern und Freunde, Gegenstände zu spenden, die sie nicht mehr brauchen oder nicht mehr verwenden. Dinge, die sie sonst an Wohltätigkeitsorganisationen spenden oder wegwerfen würden, heben sie auf und geben sie der Schule oder dem Team als Spendensammelaktion.

Das erste, was Sie brauchen, ist LAGER. Ich meine massiven Stauraum. Sie werden alles bekommen, von Laufbändern über Kinderbetten und Waschbecken bis hin zu Spielzeug. Jede Menge Spielzeug und Stofftiere. Wenn Ihre Schule Ihnen Lagerraum zur Verfügung stellen kann, dann würde ich sagen, machen Sie weiter mit dieser Veranstaltung.

Wenn Sie nicht gerade eine riesige Garage haben, die nur darauf wartet, gefüllt zu werden, würde ich vorschlagen, sie auf dem Schulgelände aufzubewahren, wo sie nur noch sortiert und für den Verkauf vorbereitet werden muss.

Denken Sie daran, wenn Sie es außer Haus bringen, müssen Sie es auch wieder zurücktransportieren, und glauben Sie mir, Sie werden eine Menge Spenden bekommen.

Hängen Sie in der Schule und im Mitteilungsblatt Schilder auf, auf denen Sie um Sachspenden für Ihren "White Elephant Sale" bitten. Bitten Sie darum, dass die Spenden zu bestimmten Zeiten abgegeben werden - am besten vor und nach der Schule. Sie möchten nicht, dass die Abgabe von Gegenständen den Lehrplan der Schule oder den Zeitplan des Personals und/oder des Tagesablaufs stört. Sie brauchen Mitglieder Ihres Teams, um die Gegenstände in die Lagerräume zu bringen. Diese Aufgabe kann den Freiwilligen Spaß machen, da sie die Spenden als Erste zu Gesicht bekommen. Legen Sie fest, dass niemand vor dem eigentlichen Verkaufstag Gegenstände kaufen darf.

Es kann praktisch sein, eine Liste von Gegenständen zu erstellen, während Sie sie einsammeln, oder Sie können sie am Vortag organisieren.

Bewerten und neu bewerten.

Wenn Sie am Vortag tausend Dinge zu erledigen haben, brauchen Sie viele Helfer.

Sobald Sie die Artikel haben, müssen Sie sie mit Preisen versehen. Dies kann durch den Kauf von Aufklebern und die Kennzeichnung der einzelnen Artikel geschehen oder durch die Einrichtung spezieller Bereiche für Artikel, die von einem Team aus einer oder zwei Personen verwaltet werden.

FUNDRAISING-IDEEN

45.
AUTOHAUS/KOFFERRAUMVERKAUF

Das ist wie ein gemeinschaftlicher Garagenverkauf, aber anstatt Plätze zuzuweisen, verkaufen die Leute aus dem Kofferraum ihres Autos. Samstags und sonntags sind die besten Tage für Car Boot Sales. Werben Sie für Ihre Veranstaltung in lokalen Zeitungen und auf Online-Community-Websites und fragen Sie die Leute, ob sie einen Stand kaufen möchten.

Wenn Sie einen angemessenen Preis für Ihre Artikel festsetzen, werden Sie im Handumdrehen ausverkauft sein.

Als Organisator dieser Veranstaltung verkaufen Sie die Plätze im Voraus, da Sie nur über eine begrenzte Anzahl von Plätzen verfügen.

Prüfen Sie, ob irgendwelche Genehmigungen oder Lizenzen erforderlich sind, bevor Sie beginnen.

EINE GEFAHR?

Wenn Sie es vorziehen, dass nicht überall auf dem Schulgelände Fahrzeuge stehen, könnte der Verkauf auf dem Parkplatz stattfinden. Wenn der Parkplatz nicht groß genug ist, um dies lohnenswert zu machen, dann schlage ich vor, dass Sie Grundstücke zuweisen. Sie können dann eine kleine und eine große Fläche verkaufen.

Ihre Verkäufer stellen sich selbst auf; Sie können die Plätze mit Klebeband oder Kreide auf dem Bürgersteig markieren. Die Verkäufer sorgen für ihr eigenes Wechselgeld und kümmern sich um ihre eigenen Artikel, sowohl beim Aufbau als auch beim Verkauf.

Es wäre hilfreich, wenn vor Ort Waschräume zur Verfügung stünden, insbesondere für die Verkäufer, wenn es sich um eine ganztägige Veranstaltung handelt. Die Schule kann den Verkäufern/Freiwilligen einen Schlüssel zur Verfügung stellen.

Um zusätzliche Mittel zu beschaffen und die Leute anzulocken, ist ein Würstchen- oder Hotdog-Braten sehr zu empfehlen. Wenn Sie möchten, können Sie weitere kinderfreundliche Elemente aus der obigen Liste hinzufügen.

FUNDRAISING-IDEEN

46. FLOHMARKT

Bei einem Flohmarkt ist Ihr Aktionsradius etwas größer als bei einem Flohmarkt oder Garagenverkauf.

Sie können an professionelle Einzelhändler verkaufen und eine große Auswahl an Artikeln zum Verkauf anbieten.

Sie könnten in lokalen Zeitungen und in Online-Rubriken für Veranstaltungen für Einzelhändler oder Personen werben, die ihre handgefertigten Waren verkaufen möchten.

Sie können verschiedene Größen für Stände anbieten, aber die Einzelhändler sind für den Auf- und Abbau sowie den Verkauf und die Abrechnung ihrer Artikel verantwortlich.

Sie brauchen Personal vor Ort und eine große Fläche für einen Flohmarkt, auf der es viel Verkehr geben kann (Fußgänger und Parkplätze).

Vergessen Sie nicht, sich bei der Stadtverwaltung zu erkundigen, ob sie an einem zentralen Ort etwas hat, das sie Ihnen für Ihre Benefizveranstaltung spenden oder die Kosten reduzieren würde.

SIE WERDEN ES NIE WISSEN, BIS SIE FRAGEN!

Wenn Sie möchten, können Sie weitere Elemente hinzufügen, z. B. einen Marketingstand Ihrer Schule oder Ihres Teams. Je mehr Elemente Sie hinzufügen, desto mehr Geld werden Sie verdienen, aber desto komplizierter wird die Aufgabe.

Auch in diesem Fall müssen Sie sich bei der örtlichen Gemeindeverwaltung nach Lizenzen und Versicherungen erkundigen.

FUNDRAISING-IDEEN

47. BARFUSS-BOWLING

Das ist Lawn Bowling mit einem lustigen Namen. Wenden Sie sich an Ihre örtliche Lawn Bowling-Anlage und fragen Sie, ob sie die Anlage für Benefizveranstaltungen vermietet. Erkundigen Sie sich, ob sie den Platz für Ihre Veranstaltung kostenlos oder zu einem reduzierten Preis zur Verfügung stellen.

Wenn die Rasen-Bowling-Anlage über eine Beleuchtung verfügt, ist eine angenehme Zeit für Ihre Veranstaltung in den Abendstunden, um die Stammkundschaft nicht zu stören.

Fragen Sie, ob sie ihren Kiosk öffnen und bedienen können und Ihnen einen Prozentsatz des Gewinns aus den Verkäufen zukommen lassen. Wenn sie die Einrichtung für Ihre Veranstaltung zur Verfügung stellen und selbst gemeinnützig sind, können sie auch Geld für ihre Einrichtung sammeln. Alle gewinnen.

Nachdem Sie ein Datum und eine Uhrzeit festgelegt haben, informieren Sie im Newsletter Ihrer Schule über Ihre Veranstaltung. Verkaufen Sie Eintrittskarten für Familien.

Suchen Sie nach Spenden für Preise. Sehen Sie sich die Vorschläge für den Trivia-Abend an.

Natürlich werden die Schuhe ausgezogen und alle Bowler kegeln barfuß. So macht es mehr Spaß für die ganze Familie.

Fügen Sie Elemente wie Gesichtsbemalung und abnehmbare Tattoos hinzu, wenn die Einrichtung dies zulässt.

Vergessen Sie nicht, sich bei der Stadtverwaltung zu erkundigen, ob Genehmigungen oder Lizenzen erforderlich sind.

FUNDRAISING-IDEEN

48. BAHNEN-BOWLING

Einfaches Bowling in Ihrer örtlichen Einrichtung.

Sie müssten eine Übernahme der gesamten Einrichtung an einem bestimmten Tag als Fundraising-Veranstaltung aushandeln.

Sie bringen die Bowler gegen ein vereinbartes Entgelt (einschließlich Abendessen oder Snacks, falls die Einrichtung diese anbietet) zu uns, und Ihre Schule erhält einen Prozentsatz des Gesamtumsatzes.

Wenn Sie eine gemeinschaftsorientierte Bowlingbahn haben und diese mit an Bord ist, sollte dies ein relativ einfacher Verkauf für Familien an Ihrer Schule oder in Ihrem Team mit wenig bis gar keinem Aufwand sein. Ein Bonus wäre, dass es vor Ort viele Parkplätze gibt.

Erkundigen Sie sich bei der Gemeindeverwaltung, ob Genehmigungen, Lizenzen oder Versicherungen erforderlich sind.

FUNDRAISING-IDEEN

49. IDOL-SUCHE

Viele Stars können entdeckt werden, wenn Ihre Gemeinde eine lokale Idol-Suche durchführt - darunter auch Justin Bieber.

Um eine eigene Veranstaltung für Ihre Schule auf die Beine zu stellen, müssen Sie Freiwillige, Sängerinnen und Sänger sowie Gruppen suchen, die Interesse daran haben, öffentlich aufzutreten, um den Titel "*Name Ihrer Schule*" oder "*Team Goes Here* Idol" zu gewinnen. Wenn Sie möchten, können Sie eine Teilnahmegebühr erheben.

Sobald Sie ein Datum und einen Veranstaltungsort haben, benötigen Sie eine Band, die sich freiwillig für den Abend zur Verfügung stellt (oder die Sie bezahlen können) und/oder eine Karaokemaschine.

Letzteres wird immer noch funktionieren, und dann müssen die Leute, die ein wenig Lampenfieber haben, nicht befürchten, den Text zu vergessen (im Gegensatz zu dem, was normalerweise in der Fernsehshow passiert).

Versenden Sie Briefe und bitten Sie um Spenden für Preise (siehe Informationen zu den Preisen des Trivia-Abends oben).

Sie sollten ein Elternteil bitten, als Moderator zu fungieren, oder der Schulleiter oder Coach könnte diese Rolle übernehmen.

Es wird ein Mikrofon benötigt.

Richter

Sie benötigen mindestens 3 Juroren. Diese können die Darbietungen bewerten, oder Sie können den Applaus des Publikums als Maßstab nehmen.

Wenn Sie noch keine Stühle haben, brauchen Sie viele Stühle. Erkundigen Sie sich bei einer örtlichen Halle oder einer anderen Schule in der Nähe, ob Sie deren Stühle ausleihen können. In jedem Fall müssen Sie die Eltern um Hilfe bitten oder einen Lastwagen für den Transport der Stühle bereitstellen.

ESSEN & TRINKEN

Wenn Sie möchten, können Sie Erfrischungsgetränke, Lebensmittel usw. verkaufen und um Spenden bitten oder diese Artikel kaufen. Sie brauchen jemanden, der diesen Stand betreut und das Geld einsammelt.

Ein Wechselgeld sollte zur Verfügung stehen und aufgezeichnet werden, um nach der Veranstaltung erstattet zu werden.

Aufnahme

Wenn Sie die Möglichkeit haben, lassen Sie die Veranstaltung von jemandem professionell auf Video aufnehmen. Die Eltern werden Schlange stehen, um eine gute Kopie vom Gesang ihres Kindes zu bekommen. Sie können diese gegen eine geringe Gebühr auf DVD zur Verfügung stellen.

Erkundigen Sie sich wie üblich bei der Stadtverwaltung nach zusätzlichen Genehmigungen oder Versicherungen, die möglicherweise erforderlich sind.

FUNDRAISING-IDEEN

50. TALENTSUCHE

Diese Spendenaktion ist wie die Idol-Suche, aber in einem viel größeren Rahmen, da Sie die Teilnehmer auffordern, sich zu bewerben und einen Preis von außerhalb Ihrer Schule oder Ihres Teams zu gewinnen.

Für diese Veranstaltung benötigen Sie einen größeren Saal mit einer Bühne und einer größeren Beschallungsanlage. In den meisten großen Einrichtungen sind genügend Stühle vorhanden, andernfalls müssen Sie sie mieten oder selbst mitbringen. Einige Vorschläge dazu finden Sie unter der Registerkarte "Idolsuche". Vielleicht möchten Sie sich erst einmal erkundigen, welche Möglichkeiten es gibt, bevor Sie weitermachen.

Ich würde auch empfehlen, zu prüfen, welche Lizenzen, Versicherungen oder Genehmigungen erforderlich sind.

Wenn Sie alle diese Angaben haben, wählen Sie ein Datum.

Beginnen Sie mit der Werbung über kostenlose Kanäle wie soziale Medien, lokale Zeitungen und Online-Veranstaltungskalender. Wenden Sie sich auch an lokale Radiosender, da es sich um ein musikbezogenes Projekt handelt und Radiosender in der Regel sehr gemeinschaftsorientiert sind und sich vielleicht als Sponsor engagieren möchten.

Sie könnten auch einen Prominenten des Senders bitten, die Veranstaltung zu moderieren oder einer der Preisrichter zu sein. Sie sollten insgesamt zwei oder drei Juroren für die Veranstaltung haben.

Für die Musik könnten Sie eine lokale Band engagieren oder Karaoke machen. Es liegt an Ihnen, wie Sie sich in Ihrer Gegend vernetzen wollen.

Eintrittspreis

Wählen Sie einen angemessenen Eintrittspreis für die Teilnehmer und fordern Sie die Zahlung im Voraus.

Bitten Sie nun um Preisspenden und beginnen Sie mit dem Verkauf von Eintrittskarten für Ihre Veranstaltung.

Entscheiden Sie, ob Sie während der Beratung durch die Jury Fundraising-Spiele aus dieser Liste durchführen möchten.

Wenn Sie die meisten Dinge gespendet bekommen, können Sie Ihre Kosten relativ niedrig halten.

FUNDRAISING-IDEEN

51. COMEDY-CLUB

Eine Kombination aus Idol Search und Talent Search, aber speziell für die Kategorie Komödie.

Wenn Sie die Veranstaltung für die Öffentlichkeit zugänglich machen, sollten Sie sich in einer Einrichtung befinden, in der auch Alkohol und Essen verkauft werden, um die Reichweite Ihrer Spendenaktion zu maximieren.

Befolgen Sie die oben genannten Schritte der letzten beiden Fundraising-Veranstaltungen, um Werbung, einen Moderator und Richter zu bekommen.

Vielleicht können Sie direkt mit einer Einrichtung zusammenarbeiten, die diese Veranstaltungen regelmäßig durchführt, und einen Teil des Gewinns einnehmen. Bessere Preise werden mehr Teilnehmer anlocken. Vergessen Sie nicht, ein angemessenes Startgeld zu verlangen.

Es wird außerdem empfohlen, die Teilnehmer darauf hinzuweisen, dass der Inhalt ab 18 Jahren ist.

Vergessen Sie nicht, sich bei der Stadtverwaltung zu erkundigen, ob irgendwelche Versicherungen, Lizenzen usw. erforderlich sind.

FUNDRAISING-IDEEN

52. SPIELE-TAG

Zuerst müssen Sie entscheiden, welche Art von Spielen Sie anbieten möchten. Möchten Sie Ihren Spieletag als Freiluft- oder als Indoor-Veranstaltung durchführen? In jedem Fall sollten Sie prüfen, ob Sie Lizenzen oder Genehmigungen von der Stadt oder Gemeinde benötigen.

Spiele im Freien

Sie könnten eine olympiareife Strecke einrichten und die Kinder Ihrer Schule einladen, um Bänder zu kämpfen. Sie müssen jedoch keine echten olympischen Spiele einbeziehen.

Einige Vorschläge:

- Größte Bubblegum-Blase

- Staffellauf

- Schnellster Popcorn-Esser

- Löffel- und Eierrennen

- Dreibeiniges Rennen

Lassen Sie Ihrer Fantasie freien Lauf. Erstellen Sie eine Liste der Dinge, die Sie benötigen, und bitten Sie um Spenden für Preise. Bilden Sie Teams aus Kindern. Laden Sie die Eltern ein, mitzukommen, und bieten Sie Speisen und Getränke zum Verkauf an. Sie können weitere Elemente aus der obigen Liste hinzufügen, wenn Sie in größerem Umfang Spenden sammeln möchten.

Notfallplan für den Fall, dass es regnet...

Spiele für drinnen

Stellen Sie eine Reihe von Brettspielen wie Trivial Pursuit, Schach, Das Spiel des Lebens, Scharade usw. auf. Dies kann eine Veranstaltung für alle Erwachsenen sein, bei der die Teilnehmer von Tisch zu Tisch oder von Spiel zu Spiel wechseln. Der Gewinner erhält am Ende des Abends die meisten Punkte.

Vielleicht können Sie eine BYO-Weinveranstaltung organisieren, bei der Sie Weingläser verkaufen. Vielleicht möchten Sie auch Essen anbieten. Bitten Sie um Spenden für all diese Dinge.

In welchem Umfang Sie die Spendenaktion durchführen wollen, bleibt Ihnen überlassen. Dies könnte sogar als Spendensammlung im eigenen Haus durchgeführt werden, wenn man Freunde einlädt. Wenn mehrere Familien eine solche Veranstaltung in ihren Häusern abhalten und eine Teilnahmegebühr verlangen, könnte dies eine gute kleine Spendenaktion mit wenig Aufwand sein.

FUNDRAISING-IDEEN

53. VOLKSLAUF

Diese Veranstaltung kann so einfach oder so komplex sein, wie Sie es wünschen, aber ich rate Ihnen, es einfach zu halten, wenn Sie für eine Schule oder ein Team Spenden sammeln wollen.

Nachdem Sie die Strecke und die Entfernung Ihrer Veranstaltung festgelegt haben, müssen Sie diese mit der Stadtverwaltung in Bezug auf Versicherung, Anmeldung oder andere erforderliche Genehmigungen abklären. Dies ist besonders wichtig, wenn Sie Straßen oder öffentlich zugängliche Plätze wie Parks nutzen.

Alternativ können Sie auch eine Route und eine Strecke auf dem Schulgelände erstellen. Alles, was Sie brauchen, sind Kreidestriche oder Pylonen, um den Raum zu markieren.

Wählen Sie eine Uhrzeit und ein Datum für Ihre Veranstaltung und erstellen Sie einen Sponsorenbogen, den Sie den Schülern oder Teammitgliedern mit nach Hause geben. Auf dem Sponsorenblatt sollte die Entfernung oder die Zeit angegeben werden, die der Schüler oder das Teammitglied gesponsert werden kann.

Sie können einen Brief oder einen Absatz beifügen, in dem Sie angeben, warum Sie einen Fun Run veranstalten und wofür das Geld benötigt wird. Weisen Sie auch darauf hin, dass die Kinder die Möglichkeit haben werden, Preise zu gewinnen, und dass es ein lustiger Tag für die ganze Familie sein wird. Wenn Sie die Kinder in kleinere Teams einteilen, können Sie sie auffordern, am Veranstaltungstag eine bestimmte Farbe zu tragen. Mit einem Teamwettbewerb und Preisen macht es allen mehr Spaß.

Sie müssen Bänder kaufen - für 1st , 2nd und 3rd Preise. Ich würde auch Preise für Teams empfehlen. Bitten Sie die örtlichen Unternehmen um Spenden für diese Preise.

Sie können auch andere Ideen aus dieser Liste in die Spendenaktion einbeziehen, z. B. das Würstchen-/Hotdog-Brutzeln oder den Verkauf von Getränken. Versuchen Sie, Wasserflaschen zu spenden, denn die Läufer werden reichlich davon brauchen.

Sammeln Sie nach der Veranstaltung die Gelder der Sponsoren ein und bedanken Sie sich bei allen, die gespendet haben, mit einer Dankesurkunde.

FUNDRAISING-IDEEN

54. BITTEN SIE UM BARGELD ODER SPENDEN

Sie brauchen Geld? Brauchen Sie Spenden?

Fragen Sie einfach direkt **danach**.

Schicken Sie einen Brief oder eine E-Mail, in dem Sie die Eltern über die Anforderungen informieren und sie bitten, einen Beitrag zu leisten.

Fundraising erfordert viel Zeit - und viele helfende Hände.

Oft findet man lustige Wege, um die Eltern und die Familie mit einzubeziehen - und so kann man sagen: Das wird unsere einzige Spendenaktion in diesem Jahr sein, und wir brauchen von jedem Elternteil in diesem Jahr einen bestimmten Betrag.

Wenn wir unsere Spendenziele für dieses Jahr erreichen, sind in diesem Jahr keine zusätzlichen Spendengelder (oder Freiwilligenarbeit) erforderlich.

Geradlinig und effektiv.

FUNDRAISING-IDEEN

55. PICKNICK-SPASS-TAG

Es kann schwierig sein, mit einer Veranstaltung wie dieser Geld zu verdienen, ohne dass Elemente der Geldbeschaffung wie Hüpfburgen, Gesichtsbemalung, abnehmbare Tattoos usw. hinzukommen.

Die Grundidee ist jedoch, dass alle Mitglieder Ihrer Schule oder Ihres Teams zusammenkommen, um gemeinsam im Freien zu essen (sofern dies erlaubt ist) und Kontakte zu knüpfen.

Veranstaltungen wie diese fördern das Engagement und die Freundschaft und machen allen Beteiligten Spaß, wobei eine kleine Spendensammlung am Rande ein zusätzlicher Bonus sein kann.

FUNDRAISING-IDEEN

56. SPORTTAG

Ein Sporttag ist ähnlich wie ein Spieletag, aber Sie sollten sich auf eine Sportart konzentrieren, die zu dieser Zeit besonders beliebt ist.

Die Kinder können ihre Uniformen anziehen und in kleinen Spielen gegeneinander antreten; die Siegermannschaft kommt in die nächste Runde.

Wenn Sie möchten, können Sie sich um Preise und Sponsoren bemühen, aber Sie sollten auf jeden Fall Preise (oder Bänder) für die Siegerteams bereithalten.

Sie können andere Spendenaktionen organisieren, wie z. B. ein Grillfest (Würstchenbrutzeln/Hotdogbrutzeln), den Verkauf von Getränken und Backwaren.

Überprüfen Sie immer, ob Lizenzen, Versicherungen oder andere Genehmigungen von der Gemeindeverwaltung erforderlich sind.

FUNDRAISING-IDEEN

57. AUTOWÄSCHE

Diese Veranstaltung ist relativ einfach zu organisieren; alles, was Sie brauchen, sind Eimer mit Wasser, Seife, Tücher, Schwämme und viele Freiwillige.

Um Ihre Spendenaktion zu optimieren, kommt es jedoch auf Folgendes an

Standort Standort.

Wenden Sie sich an einen belebten Ort, z. B. einen Lebensmittelladen, und fragen Sie, ob Sie auf dem dortigen Parkplatz einen Stand aufstellen können.

Auch wenn Sie die Erlaubnis erhalten, müssen Sie sich erkundigen, ob die Stadtverwaltung bestimmte Genehmigungen oder Versicherungen vorschreibt. Möglicherweise müssen Sie auch einige Pylone besorgen, um Ihr Gebiet abzusperren und Ihre Freiwilligen zu schützen.

Wenn Sie einen (oder zwei) Freiwillige haben, die bereit sind, ein Kostüm zu tragen und mit einem Schild oder einer Sandwich-Tafel potenzielle Kunden anzusprechen, ist dies eine hervorragende Möglichkeit, Fremde zu Ihrer Autowaschveranstaltung zu locken.

Werben Sie auch intern in Ihrer Schule oder Ihrem Team über E-Mails und Newsletter.

Wenden Sie sich an lokale Zeitungen und Radiosender, um über Ihre Veranstaltung zu berichten.

Erstellen Sie eine Veranstaltungsseite auf Facebook und Twitter.

Veröffentlichen Sie Ihre Veranstaltung in lokalen Kalendern. Vergewissern Sie sich, dass die Beschilderung einen klaren Hinweis auf die Kosten enthält.

Vergewissern Sie sich, dass Sie eine Wasserwaage dabei haben, damit Sie Wechselgeld wechseln können, und geben Sie nur Bargeld an, wenn Sie keinen Zugang zu Kredit-/Debitkartenautomaten haben.

UPDATE: VERSICHERUNG

Die meisten für diese Veranstaltung geeigneten Orte verfügen über eine Versicherung - aber wird diese auch Ihre Veranstaltung abdecken?

Wenn Sie die Veranstaltung auf dem Schulgelände durchführen können, ist es einfach sicherzustellen, dass Sie die richtige Versicherungspolice abgeschlossen haben, da alle Schüleraktivitäten abgedeckt sind. Vergewissern Sie sich jedoch, dass der Versicherungsschutz auch für Veranstaltungen außerhalb der Schulzeit gilt.

Wenn Sie in einem Lebensmittelgeschäft sind, lohnt es sich, den Abschluss einer Veranstaltungsversicherung zu prüfen. Erkundigen Sie sich beim Geschäftsführer, ob Ihre Schule/Ihr Team im Falle eines Ausrutschers versichert ist.

Wenn Sie sich an Ihre Versicherung wenden, teilen Sie ihr mit, dass Sie eine Autowaschaktion veranstalten. Dort wird man Sie am besten beraten, was erforderlich ist.

FUNDRAISING-IDEEN

58. GOLF-TURNIER

Die Planung ist der Schlüssel zu einem erfolgreichen Golfturnier, und Sie müssen den Termin für Ihre Benefizveranstaltung lange im Voraus bei Ihrem örtlichen Golfplatz reservieren. Eine Alternative wäre eine kleinere Veranstaltung mit einem Minigolfplatz. Erkundigen Sie sich, welche Möglichkeiten es in Ihrer Gegend gibt, und vergessen Sie nicht, sich bei der Gemeindeverwaltung nach Genehmigungen, Lizenzen und Gebühren zu erkundigen.

Sobald Sie das Datum und die Uhrzeit festgelegt haben, sollten Sie nach Sponsoren fragen. Bei einem Golfturnier in einem örtlichen und bekannten Country Club können Sie große Sponsoren wie Autohäuser, lokale Medien usw. ansprechen. Möglicherweise möchten Sie eine Klassifizierung in Gold-, Silber- und Bronzesponsoren vornehmen, und Sie möchten auf jeden Fall große Preise vergeben. Bei manchen Golfturnieren wird sogar ein Auto verlost.

Eine Website ist der Schlüssel zu Ihrer Veranstaltung. Auch hier handelt es sich um eine groß angelegte

Veranstaltung, für die Sie viele Freiwillige und Ressourcen benötigen.

Erheben Sie eine Anmeldegebühr für Golfer. Vergewissern Sie sich, dass Sie alle Posten angeben, die durch die Gebühr abgedeckt werden, z. B.: Schläger, Golftag, Cart, Essen (Mittagessen? Abendessen?), T-Shirts, Hüte, Alkohol, Stille Auktion, Tombola, Türpreise usw.

Ihre Veranstaltung sollte viele Preise und Möglichkeiten bieten, durch Zusatzangebote wie eine stille Auktion und Verlosungen weitere Mittel zu sammeln. Sie müssen zusätzlich zu den Sponsoren um Spenden bitten (blättern Sie zurück zur Fundraising-Veranstaltung Trivia Night, um hilfreiche Hinweise zu erhalten).

FUNDRAISING-IDEEN

59. SCHNITZELJAGD

Die Veranstaltung könnte problemlos nach der Schule stattfinden, oder wenn Sie einen ganzen Tag daraus machen wollen, ist das auch möglich. Es wird empfohlen, das Schulgelände oder einen nahe gelegenen Park zu nutzen, nachdem Sie sich bei der Stadtverwaltung über Genehmigungen, Lizenzen usw. informiert haben.

Für die Schatzsuche selbst können Sie vielleicht eine Teilnahmegebühr erheben, wenn die Veranstaltung innerhalb Ihrer Schule oder Ihres Teams stattfindet. Wenn Sie eine größere Spendenaktion planen, bei der Sie externe Teams zulassen und wirklich große Preise vergeben, dann wäre eine Teilnahmegebühr auf jeden Fall empfehlenswert.

Werben Sie auf den üblichen Wegen, sobald Sie Termine haben, und holen Sie einige Hauptsponsoren an Bord, indem Sie die oben genannten Tools für die Trivia Night nutzen. Erstellen Sie eine Facebook/Twitter-Promotion und kontaktieren Sie die lokalen Medien.

Wenn Sie eine Vielzahl von Preisen gesammelt haben, sollten Sie eine Karte entwerfen und Hinweise auf dem Weg zusammenstellen.

Das Gewinnerteam (oder die Gewinnerin) würde einen Preis erhalten. Vielleicht möchten Sie auch einen Preis für den Zweitplatzierten vergeben.

Nach der Schatzsuche können Sie andere Elemente wie ein Würstchen-/Hotdog-Brutzeln und den Verkauf von Erfrischungsgetränken usw. einbauen.

FUNDRAISING-IDEEN

60. RATET MAL, WER
BABY-FOTO-INHALT

Es handelt sich um eine rein interne Spendenaktion.

Ihr bittet alle Kinder in eurer Schule oder in eurem Team, Babyfotos mitzubringen, und hängt sie an eine große Tafel mit Fotos von damals und heute, aber ihr haltet sie nicht zusammen, sondern mischt sie durcheinander.

Die Veranstaltung kann am Abend oder am Nachmittag stattfinden, und Sie können Speisen (ob Fingerfood oder etwas Aufwändigeres, bleibt Ihnen überlassen) und Getränke, einschließlich Wein oder alkoholfreie Getränke, anbieten, je nachdem, welche Genehmigungen und Lizenzen die Stadtverwaltung erteilt und welche Ziele Sie mit der Spendensammlung verfolgen.

Die Eltern zahlen einen Eintrittspreis für den Abend, und Sie können weitere Spiele aus der obigen Liste hinzufügen, um daraus einen Abend zu machen.

Sie werden Spenden für die Preise benötigen, und vielleicht können Sie ein lokales Unternehmen als Sponsor für Ihre Veranstaltung gewinnen. Gut geeignet wäre ein Unternehmen aus dem Bereich Kamera,

Fotografie oder Telefon, das den ersten Preis spenden könnte.

Sie müssen eine nummerierte Liste mit den damaligen Fotos an der Tafel erstellen.

Sie müssten eine alphabetische Liste der Fotos an der Tafel für die Nows zusammenstellen. Legen Sie auf jedem Tisch Papier und Stifte bereit. Bitten Sie die Teilnehmer, die Thens und Nows den Zahlen und Buchstaben zuzuordnen.

Der Gewinner sollte die meisten richtigen Fotos aus den Tafeln "Damals" und "Heute" zusammenstellen.

Sie können auch einen Preis für die Person ausloben, die die meisten Fehler gemacht hat.

FUNDRAISING-IDEEN

61. WER IST MIT WEM VERWANDT BABY-WETTBEWERB

Dies ist eine Erweiterung der vorangegangenen Spendenaktion und kann mit der Spendenaktion Nr. 61 kombiniert werden oder als eigenständige Veranstaltung durchgeführt werden.

Der Unterschied besteht darin, dass Sie ein Babyfoto des Kindes und ein Foto von einem der Elternteile als Baby haben.

Die Teilnehmer müssen Baby- und Elternfotos zuordnen.

Alle anderen Elemente der Fundraising-Idee Nr. 61 können hier integriert werden.

FUNDRAISING-IDEEN

62. WEIHNACHTSBASTELSTAND

Wenn Weihnachten vor der Tür steht, neigen wir alle dazu, ein wenig kreativ und handwerklich tätig zu werden, und dies ist eine Möglichkeit, Ihre künstlerischen Talente für Spendenzwecke einzusetzen.

Nachdem Sie ein Datum und eine Uhrzeit für Ihre Veranstaltung festgelegt haben, bitten Sie die Eltern, sich Bastelideen auszudenken und Spenden für Ihre Spendenaktion zu leisten.

Es stimmt, dass die Eltern Geld ausgeben werden, und einige werden sogar ihre eigenen Artikel vom Stand zurückkaufen. Es ist gut, wenn es in Ihrer Stadt eine lokale Veranstaltung gibt, an der Sie teilnehmen können, oder Sie können Ihre Veranstaltung einfach in Ihrer Schule abhalten.

Wenn Sie die Lehrer bitten können, die Kinder im Unterricht basteln zu lassen, werden auch die Eltern diese kaufen.

Es ist auch gut, andere Veranstaltungen aus der Liste hinzuzufügen, ich überlasse es Ihnen, wie groß Sie Ihre Spendenaktion gestalten wollen.

Vergessen Sie nicht, sich bei der Stadtverwaltung zu erkundigen, ob Genehmigungen oder Lizenzen erforderlich sind.

"Der *Friede auf Erden wird bleiben, wenn wir jeden Tag Weihnachten leben.*"

Helen Steiner-Reis

FUNDRAISING-IDEEN

63. STAND ZUM VALENTINSTAG

Nachdem Sie den Tag für Ihre Veranstaltung festgelegt haben, bitten Sie die Eltern um Spenden, und Sie werden erstaunt sein, was alles zusammenkommt. Wie bei einigen der oben genannten Ideen brauchen Sie möglicherweise einen Raum, um alles vor dem Verkauf zu lagern. Wenn Sie diesen nicht haben, würde ich vorschlagen, dass Sie zu einer anderen Idee übergehen.

Es bietet sich an, einen Kuchenverkauf in diese Veranstaltung zu integrieren und die Eltern um Lebensmittelspenden zu bitten. Siehe Vorschlag # 9 für Ideen.

Wie immer sollten Sie sich vorher bei der Stadtverwaltung über Lizenzen, Genehmigungen, Versicherungen usw. informieren.

Sie müssen den Preis für alles im Voraus festlegen, und ein Floater wird empfohlen.

Eine schulinterne oder teaminterne Veranstaltung ist nicht so profitabel, aber sie hält die Kosten niedrig und die Kinder haben Spaß am Einkaufen und am Tag. Zum Muttertag oder Vatertag suchen die Kinder nach einem Geschenk, und wenn Sie den Eltern im Voraus von Ihrem

Stand erzählen, werden sie die Kinder mit etwas Geld in die Schule schicken.

Diese Art von Stand kann für jeden Namenstag verwendet werden, den Sie bevorzugen, mit geringem Aufwand und ohne viel Arbeit, wenn Sie es intern in Ihrer Gruppe halten.

FUNDRAISING-IDEEN

64. MUTTERTAGSSTAND

Dies ist eine Erweiterung des Vorschlags Nr. 65.

Wenn Sie über ein begrenztes Budget verfügen, können Sie einige wirklich schöne Dinge aus dem Supermarkt mitnehmen oder kleine Körbe zusammenstellen.

Sie könnten auch um eine Spende von Blumensträußen bitten.

Zum Muttertag suchen die Kinder nach einem Geschenk, und wenn Sie den Eltern im Voraus von Ihrem Stand erzählen, werden sie die Kinder mit etwas Geld zur Schule schicken.

Es ist eine lustige Möglichkeit für Kinder, für Mama einzukaufen, ohne dass ein Erwachsener dabei ist. Es ist sehr aufregend für sie, ganz allein etwas für Sie auszusuchen.

Vergessen Sie nicht, sich bei der Stadtverwaltung zu erkundigen, ob Genehmigungen oder Lizenzen erforderlich sind.

FUNDRAISING-IDEEN

65. VATERTAGSSTAND

Dies ist eine Erweiterung von Vorschlag #64 & #66.

Für den Vatertag suchen die Kinder nach einem Geschenk, und wenn Sie den Eltern im Voraus von Ihrem Stand erzählen, werden sie die Kinder mit etwas Geld zur Schule schicken.

Es macht Kindern Spaß, für Papa einzukaufen, ohne dass ein Erwachsener anwesend ist. Es ist aufregend für sie, ganz allein etwas für dich auszusuchen.

FUNDRAISING-IDEEN

66. HALLOWEEN-PARTY

Viele Eltern sind besorgt darüber, dass ihre Kinder Süßes oder Saures geben und ziehen es stattdessen vor, an einer Halloween-Party teilzunehmen. Warum also nicht eine Spendenaktion für Ihre Schule oder Ihr Team daraus machen?

Ich würde nicht empfehlen, eine Eintrittsgebühr zu verlangen, aber wenn Sie andere Dinge wie einen Filmabend oder einen Spieleabend anbieten möchten, wäre eine Gebühr vielleicht angemessen.

Prüfen Sie, welche Lizenzen und Genehmigungen die Stadtverwaltung möglicherweise benötigt, bevor Sie mit der Planung beginnen.

Sobald Sie die Eltern über soziale Medien oder andere Instrumente wie einen Newsletter oder eine E-Mail auf das Datum und die Uhrzeit Ihrer Veranstaltung aufmerksam gemacht haben, können Sie beginnen, Spenden für Preise zu sammeln. Sie benötigen Preise für das beste Kostüm, das kreativste Kostüm, das gruseligste Kostüm usw., je nachdem, wie viele Spenden eingehen.

Wählen Sie Spiele, die mit Halloween zu tun haben, wie z. B. "Dunking for Apples", "Bingo", "Pin the Tail on the

Donkey" (verwenden Sie etwas, das mit Halloween zu tun hat), "Pop a Balloon", usw. Ihr könnt so kreativ sein, wie ihr wollt.

Vielleicht möchten Sie die Eltern bitten, gesündere, themenbezogene Leckereien zu backen, aber der Abend wäre auch ohne die Verteilung von Süßigkeiten oder Geschenktüten perfekt.

FUNDRAISING-IDEEN

67. GEBURTSTAGSFEIER

Dies kann eine Spendenaktion sein, wenn das Kind anstelle von Geschenken um Spenden für Ihre Organisation bittet.

In einem größeren Rahmen könnten Sie eine Geburtstagsfeier für Ihre Schule oder Ihr Team veranstalten und um Spenden für etwas Bestimmtes bitten, über das sich die Eltern und Familien der Schüler/des Teams freuen würden.

Anstelle von Geld könnten Sie neue Bücher für die Bibliothek als Geburtstagsgeschenk für die Schule anfordern.

Seien Sie kreativ.

FUNDRAISING-IDEEN

68. BUCHVERKAUF

Das kann eine gigantische Aufgabe sein, denn wenn Sie um Bücher bitten, werden Sie eine Menge Spenden erhalten, und Sie müssen Platz haben, um sie zu lagern. Außerdem müssen Sie in der Lage sein, die Bücher einzeln zu sichten und zu bewerten - und um das richtig zu tun, müssen Sie (vor allem bei älteren Büchern, signierten Büchern und Erstausgaben) prüfen, wie der Preis aussehen soll. Wenn es Ihnen egal ist, was das Buch wert ist, erleichtert das Ihre Aufgabe, aber Sie werden trotzdem viel Platz brauchen.

Sie brauchen auch eine Möglichkeit, die Bücher auszustellen, damit die Leute sie kaufen können. Ich würde vorschlagen, die Bücher nach und nach in Kategorien einzuteilen - das erspart Ihnen auf lange Sicht eine Menge Kopfzerbrechen. Sie können die Bücher einfach in Kategorien verkaufen wie:

- KINDERBÜCHER

- COMICS/GRAFIKROMANE

- BELLETRISTIK TASCHENBUCH

- BELLETRISTIK HARDCOVER

- SACHBUCH, TASCHENBUCH

- SACHBUCH HARDCOVER.

Buchkäufer haben nichts gegen das Sortieren, es macht ihnen sogar Spaß, aber je besser Ihre Spendenaktion organisiert ist, desto mehr werden Sie verkaufen (und Sie wollen ja nicht die Reste einpacken und bis zum nächsten Verkauf einlagern müssen).

Erkundigen Sie sich nach Lizenzen, Genehmigungen usw. bei der örtlichen Behörde.

Fügen Sie beliebige andere Fundraising-Elemente aus dieser Liste hinzu, die Sie wünschen.

Bitten Sie um Spenden von Preisen oder um Sponsoren, wenn Sie dies wünschen.

FUNDRAISING-IDEEN

69. ANTIQUITÄTENMESSE

Die Preisgestaltung für Antiquitäten kann etwas schwierig sein, daher sollten Sie Stände an Fachleute vermieten, wenn Sie eine Antiquitätenmesse veranstalten möchten.

Nachdem Sie das Datum und den Ort ausgewählt und sich bei der Stadtverwaltung über Genehmigungen, Lizenzen usw. erkundigt haben, können Sie damit beginnen, über die sozialen Medien, Zeitungen, das Radio und andere örtliche Stellen dafür zu werben, dass Sie auf der Suche nach Antiquitätenhändlern sind.

Das ist ziemlich einfach: Sie verlangen lediglich eine Gebühr für die von Ihnen zugewiesene Standfläche.

Die meisten Antiquitätenhändler haben ihr eigenes "System", wie sie ihre Waren aufstellen und ausstellen wollen. Die meisten werden sogar ihre eigenen Tische und Stühle für den Tag mitbringen. Machen Sie den Verkäufern klar, dass sie für die Art der Bezahlung ihrer Stände und für die Mitnahme von Wechselgeld usw. verantwortlich sind.

Wenn die Veranstaltung auf dem Gelände der Schule oder des Vereins stattfindet, können Sie Ihre Kosten gering halten. Ich würde jedoch empfehlen, zumindest ein Würstchen- oder Hotdog-Brutzeln zu veranstalten und Getränke zu verkaufen.

Um die Familien bei der Stange zu halten, können Sie auch eine Hüpfburg oder Gesichtsbemalung anbieten, je nach Ihrem Budget und Ihren allgemeinen Zielen.

FUNDRAISING-IDEEN

70. MUSIKALISCHE FILMNACHT

Dies kann eine Ableitung von Idee #24 sein.

Für den Abend werden Musikfilme ausgewählt, und die Eltern bringen ihre Kinder für ein paar Stunden ins Kino und essen Pizza.

Weitere Ideen und Vorschläge finden Sie unter Nr. 24, aber lassen Sie Ihrer Fantasie freien Lauf. Sie können diese Idee auch zu einem Familienfest ausbauen, indem Sie andere Elemente aus dieser Liste kombinieren.

Vergessen Sie nicht, sich bei der Stadtverwaltung nach Lizenzen, Genehmigungen, Versicherungen usw. zu erkundigen.

FUNDRAISING-IDEEN

71. SAMMELN VON MÜNZEN

Dies ist eine leicht durchzuführende Spendenaktion. Gestalten Sie einfach Dosen mit dem Etikett Ihrer Schule oder Ihres Teams und schicken Sie sie mit den Kindern nach Hause.

Die Etiketten können am Computer entworfen, ausgedruckt und aufgeklebt werden, um Ihre Kosten zu senken.

Die Familien werden gebeten, ihre überschüssigen Münzen in die Schule zu werfen und sie dort abzugeben.

Ideen für Familien und Münzen:

Zahlen Sie eine Münze, um ein Fernsehprogramm auszuwählen.

Zahlen Sie eine Münze, wenn Sie ein böses Wort sagen.

Zahlen Sie eine Münze, um lange aufzubleiben.

Zahlen Sie lieber eine Münze, als ein Gemüse zu essen, das Sie nicht mögen.

Nach Ablauf des Verfallsdatums brauchen Sie ein paar Freiwillige, die die Münzen zählen und vielleicht sogar rollen, bevor Sie sie zur Bank bringen (je nachdem, wo Sie wohnen und welche Anforderungen die Bank stellt).

Es gibt Unternehmen, die entsprechende Dosen zur Verfügung stellen können, die nur nach dem Ende des Tages von der Schule oder dem Team geöffnet werden können, aber das würde Ihren Aufwand erhöhen.

FUNDRAISING-IDEEN

72. KUNSTAUSSTELLUNG

Eine ausgezeichnete Spendenaktion, insbesondere für Schulen.

Die Lehrer werden gebeten, alle Kinder in ihren Klassen Kunstwerke anfertigen zu lassen, die dann in der Schule ausgestellt werden.

Die Eltern sind eingeladen, die Kunstwerke ihrer Kinder zu kaufen, um Geld für die Schule zu sammeln.

Abgesehen von den Verbrauchsmaterialien gibt es wenig bis gar keine Gemeinkosten, und es ist am besten, die Dinge nicht zu sehr zu verkomplizieren.

WAS IST MIT SPASS?

Wenn Sie möchten, können Sie auch andere Dinge wie Essen, Wein und alkoholfreie Getränke zum Verkauf anbieten. So wird es zu einem geselligen Ereignis.

Es ist nicht notwendig, sich um Sponsoren oder Spenden zu bemühen, es sei denn, Sie möchten Preise verteilen und die Leute auffordern, für ihr Lieblingskunstwerk zu stimmen.

Wenn ihr ein Team seid und das Gleiche machen wollt, müsst ihr vielleicht eine Halle mieten und die Eltern bei der Gestaltung der Kunstwerke mit einbeziehen. Wenn Ihr Team ein neues Logo oder einen neuen Namen sucht, könnten Sie einen Wettbewerb für das beste Design veranstalten, das dann auf Trikots, Mützen usw. erscheinen würde. In diesem Fall würden sich Sponsoren und Spender empfehlen. Siehe oben Trivia Night für eine Zusammenfassung, wie man um Spenden bittet.

Vergessen Sie nicht, sich bei Ihrer Gemeindeverwaltung nach Genehmigungen, Versicherungen und Lizenzen zu erkundigen.

FUNDRAISING-IDEEN

73. TANZWETTBEWERB

Als Spendenaktion für eine Schule oder eine Mannschaft könnten Sie Lehrer oder Trainer bitten, sich zu beteiligen. Bitten Sie die SchülerInnen, als Gruppe oder einzeln einen eigenen Tanz oder ein YouTube-Video zu erstellen. Wählen Sie dann ein Datum und einen Ort für Ihre Live-Veranstaltung, an dem die Tänze aufgeführt werden sollen. Sie brauchen einen Moderator für den Abend und eine Tonanlage mit Mikrofon. Wenn Sie keine Bühne haben, können Sie einen Bereich wie eine Turnhalle oder ein Auditorium einrichten, in dem die Leute stehen oder sitzen, um den mittleren Bereich herum, in dem die Tänze aufgeführt werden.

Es wäre eine gute Idee, um Spenden oder Sponsoren zu bitten, wenn Sie Kostüme benötigen und als Team zusammenarbeiten. Andernfalls solltet ihr schauen, ob es einige Eltern gibt, die sich um die Gestaltung der Kostüme kümmern würden. Um es einfach zu halten, könnten die Teams farblich gekennzeichnet werden.

Vielleicht möchten Sie auch Preise verteilen. Bitten Sie um Spenden von lokalen und nationalen Unternehmen. Ideen dazu finden Sie unter Trivia Night.

Vergessen Sie nicht, sich bei der Stadtverwaltung zu erkundigen, ob für Ihre Veranstaltung Genehmigungen, Lizenzen oder Versicherungen erforderlich sind.

FUNDRAISING-IDEEN

74. WETTBEWERB IM KUCHENESSEN

Es muss nicht unbedingt Pie sein - wenn Sie sich Sorgen um die Förderung von Fettleibigkeit an Ihrer Schule oder in Ihrem Team machen, können Sie kreativ sein und eine gesunde Essensoption anbieten oder Sie können einen Wettbewerb wie diesen nutzen, um Ihre SchülerInnen dazu zu bringen, über die Probleme zu sprechen, mit denen sie in der Welt des Fast Food konfrontiert sind.

Man könnte einen Sellerie- oder Karottenwettbewerb veranstalten, aber ich bin mir nicht sicher, wie viele Freiwillige man dafür finden würde. Karottenkuchen könnte ein guter Kompromiss sein.

Traditionell bräuchte man jemanden, der eine Menge Kuchen backt. Man bräuchte Leute, die für die Teilnahme am Kuchenessen bezahlen. Sie bräuchten Lätzchen, Servietten und Besteck (es sei denn, die Kuchenesser möchten ihre Hände benutzen) und Sie bräuchten einen Moderator für die Veranstaltung.

Sie könnten Eintrittskarten verkaufen und auch andere Dinge wie Hüpfburgen, Gesichtsbemalung usw. einbauen. Es bleibt Ihnen überlassen, was Sie aus der Liste hinzufügen möchten und/oder wie gesund oder ungesund Sie die Veranstaltung gestalten möchten.

Bitten Sie um Spenden oder Sponsoren, wenn Sie möchten.

Vergessen Sie nicht, sich bei der Stadtverwaltung zu erkundigen, ob Sie alle Anforderungen für Ihre Veranstaltung erfüllen.

Wenn Sie sich Sorgen um die gesundheitlichen Risiken von zu viel Kuchen machen, können Sie auch herzhafte Kuchen wie z. B. eine Quiche (wahlweise mit Gemüse) zubereiten.

"Wir wollten einen Wettbewerb im Kuchenessen veranstalten, aber als gesündere Alternative..."

Alternativ konnten die Teilnehmer wählen, welche Pasteten sie essen wollten, herzhaft oder süß.

Das bleibt Ihnen überlassen, aber das Wichtigste ist, dass Sie Ihr Publikum kennen, um im Voraus herauszufinden, was am besten passt.

FUNDRAISING-IDEEN

75. BESTE KOSTÜMPARTY ALLER ZEITEN

Die Schwester von #67 Halloween Party, aber in einem viel größeren Rahmen.

Wählen Sie ein Thema für Ihre Party. Einige Vorschläge:

SCHWARZ UND WEISS

KOPF UND SPITZE

20TH JAHRHUNDERT

EDWARDIAN.

Bewerben Sie Ihre Veranstaltung über die üblichen Kanäle wie soziale Medien, Zeitungen, Radiosender, Veranstaltungsseiten usw.

Erkundigen Sie sich bei der Stadtverwaltung, bevor Sie eine der oben genannten Maßnahmen ergreifen, um sicherzustellen, dass Sie alle Anforderungen erfüllen.

Sobald Sie das Datum und den Ort der Veranstaltung festgelegt haben, können Sie mit der Planung des Abends beginnen und um Sponsoren und Spenden für Gegenstände bitten, die Sie als Preise verwenden können. Es würde sich lohnen, den Artikel Nr. 11 der Stillen Auktion und andere Artikel aus dieser Liste hinzuzufügen, wenn Sie möchten.

Sie werden viele Freiwillige brauchen, die nach preisgekrönten Kostümen Ausschau halten. Dann wählt ihr die 10 besten Kostüme aus. Diese Personen werden auf die Bühne (oder vor die Gruppe) gebeten, und die Leute stimmen darüber ab, wer gewinnen soll.

Bieten Sie Getränke und Essen an, um Ihre Veranstaltung geselliger zu gestalten. Fügen Sie Elemente aus Punkt 1 des Trivia-Abends hinzu, um einen unterhaltsamen Abend zu gewährleisten.

Vergessen Sie nicht, sich bei der Stadtverwaltung zu erkundigen, ob Genehmigungen oder Lizenzen erforderlich sind.

FUNDRAISING-IDEEN

76. SUPERHELDEN-PARTY

Diese Veranstaltung ist vor allem für Kinder gedacht, aber auch Erwachsene lieben es, sich zu verkleiden - so können Sie daraus eine Benefizveranstaltung für alle machen.

Kombinieren Sie die Ideen aus #76 und bitten Sie die Leute, als Superhelden verkleidet an Ihrer Veranstaltung teilzunehmen. Wählen Sie Elemente aus #76 aus, um sicherzustellen, dass Sie einen unterhaltsamen Abend haben und die Elemente, die Sie einbeziehen möchten, einbauen können.

FUNDRAISING-IDEEN

77. PFERDERENNEN VERANSTALTUNG

Wenn Sie eine Pferderennbahn in der Nähe haben, können Sie Ihre Veranstaltung vielleicht direkt mit ihr organisieren. Wahrscheinlich gibt es dort einen Partyraum (oder etwas Ähnliches), und wenn Sie das Budget haben, können Sie eine Veranstaltung mit Catering organisieren. Sie können einen Eintrittspreis verlangen, der Essen, Getränke und einen Tag bei den Rennen einschließt. Wetten werden extra berechnet - sie müssen dafür zusätzlich zum Eintrittspreis bezahlen, und Wetten sind für diese gesellschaftliche Veranstaltung natürlich nicht obligatorisch.

Wenn die Räumlichkeiten es zulassen, können Sie externe Sponsoren und Spender für eine zusätzliche Veranstaltung wie eine Stille Auktion oder eine Live-Auktion suchen. Beides würde sehr gut funktionieren und Ihren Gesamtgewinn erhöhen.

Die Einrichtung, bei der Sie mieten, wird Ihnen sagen können, welche Genehmigungen, Gebühren und Versicherungen erforderlich sind, aber ich empfehle

Ihnen, sich vorsichtshalber bei der Gemeindeverwaltung zu erkundigen. Vorsicht ist besser als Nachsicht.

Wenn Sie mit Pferderennen (oder Tierrennen) nicht einverstanden sind, könnten Sie trotzdem eine soziale Veranstaltung organisieren, aber mit einem Hindernislaufspiel oder einem Spiel mit Animation. Dazu müssen Sie sich etwas einfallen lassen und Ihre Fantasie einsetzen.

Alternativ können Sie auch ein Sackhüpfen veranstalten (natürlich mit Menschen) und dies mit zusätzlichen Elementen wie Kostümen und Teams zu einem Teil Ihrer Veranstaltung machen.

FUNDRAISING-IDEEN

78. SPORTVERANSTALTUNG NACHT

Wenn ein großes Sportereignis ansteht und Sie Zugang zu einem Großbildfernseher oder Projektor haben, könnten Sie im Rahmen einer Spendenaktion Eintrittskarten für das Spiel verkaufen. Was Sie anbieten würden, ist eine gemeinsame Veranstaltung mit Freunden und Familie mit Vorteilen wie Essen, Getränken und lustigen Spielen. Fügen Sie eine der anderen Ideen auf der Liste hinzu, um Ihre Einnahmen aus der Spendenaktion zu erhöhen.

Bitten Sie um Spenden von Preisen für den Spielspaß zwischendurch!

Um Geld für Lebensmittel zu sparen, könnten Sie jeden, der eine Eintrittskarte gekauft hat, bitten, einen Teller mit Essen mitzubringen. Für diese Idee würden Sie einen Tisch aufstellen und die Leute könnten sich einfach selbst bedienen. Das Essen wäre im Eintrittspreis inbegriffen.

Wenn Sie Alkohol (Bier und Wein) verkaufen können - Sie benötigen eine Lizenz - dann wäre es sinnvoll, um Spenden zu bitten. Alternativ könnte es sich um eine BYO-Veranstaltung (Bring Your Own Beverages) handeln. Wenn es sich um eine Abendveranstaltung handelt, machen Sie sie am besten zu einer Veranstaltung nur für Erwachsene.

Fordern Sie die Teilnehmer auf, die Farben, Trikots, Mützen usw. ihrer Lieblingsmannschaften zu tragen. Sie könnten auch Lose für ein Ratespiel um das beste Ergebnis verkaufen.

Suchen Sie im Internet nach Spielblättern, die Sie kostenlos ausdrucken können, oder seien Sie kreativ und basteln Sie Ihre eigenen.

Vergessen Sie nicht, sich bei der Stadtverwaltung zu erkundigen - Sie wissen, wie es geht.

FUNDRAISING-IDEEN

79. MEMORABILIA-NACHT

Wenn Sie prominente Gegenstände für eine Auktion oder stille Auktion zur Verfügung haben, können Sie eine ganze Veranstaltung darum herum planen. Wenn Sie eine Institution, eine Band, einen Schriftsteller, eine Sportorganisation usw. haben, könnten Sie diese um Erinnerungsstücke bitten, um Geld für Ihre Schule oder Ihr Team zu sammeln. Dinge, die in Ihrer Gemeinde funktionieren könnten:

- Signierte Bücher

- Sporttrikots/Jacken (signiert oder nicht signiert)

- Berühmte Kleidungsstücke (signiert oder nicht signiert)

- Sportgeräte (signiert oder nicht signiert)

- Urlaubskarten/Bahn/Flugzeug/Bus

- Signierte Kunst von lokalem Künstler

- Tickets/Sitzplätze für die Veranstaltung.

Denken Sie über den Tellerrand hinaus und Sie könnten einen unerwarteten Gewinn erzielen.

HINWEIS: Erkundigen Sie sich bei den Eltern an Ihrer Schule. Sind sie mit einem Prominenten oder einer Sportpersönlichkeit verwandt oder befreundet, der/die bereit sein könnte, für die Spendenaktion der Schule oder des Teams Ihres Sohnes oder Ihrer Tochter zu spenden? Eine Bitte von einem Freund/Verwandten ist immer ein BONUS und 9/10 bringt die besten Ergebnisse.

Sie werden es erst wissen, wenn Sie es ausprobiert haben!

Provenienz!

Die Herkunft Ihres Gegenstands ist besonders wichtig für den Preis, den Sie dafür erhalten werden. Vergewissern Sie sich, dass Sie das Schreiben der Organisation (in Kopie) bei Ihrer Veranstaltung zur Hand haben. Stellen Sie außerdem sicher, dass Sie den Wert der Spende kennen.

FUNDRAISING-IDEEN

80. INTERNATIONALES ESSENSFESTIVAL

Vielfalt ist der Schlüssel zu Ihrer Gemeinschaft, und dies ist eine hervorragende Möglichkeit, zu feiern und gleichzeitig Geld für Ihre Schule oder Ihr Team zu sammeln.

Diese Veranstaltung findet am besten auf dem Gelände Ihrer Schule oder Ihres Vereins statt.

Wenn Sie alles vorbereitet haben, wählen Sie einen Tag für Ihre Veranstaltung. Das kann eine Veranstaltung nach der Schule oder ein ganztägiges Wochenende sein, je nachdem, was Ihre Ziele sind.

Bitten Sie die Eltern, ein Gericht aus dem Herkunftsland ihrer Familie mitzubringen. Wenn die Kinder in Ihrem Team oder in Ihrer Schule nicht wissen, woher ihr Familienstammbaum stammt, ist dies eine gute Möglichkeit, eine Diskussion zu beginnen.

Bitten Sie alle, ihr Geschirr zu einem bestimmten Zeitpunkt zu bringen, und stellen Sie Tische für alle Speisen auf. Es ist gut, wenn Sie Tischdecken haben (Plastik- oder Papiertücher sind in Ordnung). Es ist in Ordnung, Pappteller und Plastikbesteck zu verwenden, wenn es sein muss, aber die Verwendung von echtem Porzellan und Silberbesteck kann Ihrer Veranstaltung ein Element eines selbst gekochten Essens verleihen. Entscheiden Sie unter Berücksichtigung Ihres Budgets, was am besten ist.

Sie können die Eltern jederzeit um Spenden für diese Gegenstände bitten, müssen aber sicherstellen, dass sie leicht identifiziert werden können, damit sie zurückgegeben werden können.

Sie können selbst entscheiden, wie Sie die Mittel aufbringen wollen:

- 1 Platte kostet

- Buffet all you can eat Kosten

- All you can eat + 1 Getränk kosten

- Getränke separat verkaufen.

Vielleicht möchten Sie noch andere Punkte aus der Liste einbeziehen, aber dies sollte in erster Linie eine Gelegenheit für die Gemeinschaft und das gegenseitige Kennenlernen sein.

Vergewissern Sie sich wie immer, dass Sie alle Anforderungen der Gemeinschaft in Bezug auf Versicherung, Lizenzen usw. erfüllen. Bitte schauen Sie unter Genehmigungen nach.

FUNDRAISING-IDEEN

81. DJ-PARTY

Benefizveranstaltungen mit DJs am Ruder können Ihren Gästen viel Spaß machen und Ihrer Schule oder Ihrem Verein einen guten Betrag einbringen.

Erkundigen Sie sich wie immer bei der Gemeindeverwaltung, ob Lizenzen, Genehmigungen oder Versicherungen erforderlich sind. Prüfen Sie die Datei "Genehmigungen".

Wenn Sie auf der Suche nach einem guten DJ sind, sollten Sie nicht nur die Website, sondern auch die Referenzen prüfen. Die Person, für die Sie sich entscheiden, wird über Ihre Veranstaltung entscheiden, denn sie ist sowohl der Moderator als auch der Musiker und sorgt für die Beschallungsanlage. Vergewissern Sie sich, ob die Musik, die sie auf Lager haben, für Ihre Zielkunden geeignet ist. Vielleicht möchten Sie Ihre Veranstaltung unter ein bestimmtes Motto stellen und die Gäste bitten, Kostüme zu diesem Thema zu tragen.

Sobald Sie wissen, wann der DJ, den Sie sich für Ihre Party wünschen, verfügbar ist, können Sie sich auf die Suche nach dem Veranstaltungsort machen. Stellen Sie sicher, dass Sie genug Platz zum Sitzen und Tanzen haben.

Sobald dies alles organisiert ist, ist es an der Zeit, Spenden und Sponsoren zu gewinnen und sich an die Feinheiten Ihrer Veranstaltung zu machen.

Es gibt noch viele andere Ideen, die Sie nutzen können, um mit einer DJ-Party Geld zu sammeln. Wählen Sie die Elemente aus, die Sie verwenden möchten. Gehen Sie noch einmal zu Kapitel 1 und dem Kapitel über Geld zurück, um sicherzustellen, dass Sie Systeme für den Umgang mit Geld usw. eingerichtet haben.

FUNDRAISING-IDEEN

82. ABBA-NACHT

Ähnlich wie bei #82, aber nur mit ABBA-Musik. Vergewissern Sie sich, dass Ihr Zielpublikum für die von Ihnen gewählte Band verrückt ist, und es muss nicht unbedingt ABBA sein. Schließlich werden sie den ganzen Abend über dieselbe Band hören, wenn Sie Ihre Spendenaktion durchführen. Ihr könntet einen DJ engagieren oder, wenn ihr viele ABBA- (oder andere Band-) Fans in der Menge habt und Zugang zu einem Soundsystem, könnt ihr das Ganze zu einer Do-it-yourself-Veranstaltung machen.

Vergessen Sie nicht, sich bei der Stadtverwaltung zu erkundigen, ob Genehmigungen oder Lizenzen erforderlich sind.

FUNDRAISING-IDEEN

83. SIEBZIGER-JAHRE-PARTY

Ähnlich wie #82, aber thematisch.

Die siebziger Jahre waren die Zeit des Heavy Metal und der Disco. Am besten wäre es, einen DJ für deine Party zu finden, aber wenn du ein Elternteil hast, das alles hat, was du für eine erfolgreiche Veranstaltung brauchst, und wenn du ein Soundsystem und Zugang dazu hast, dann kannst du es leicht zu einer Do-it-yourself-Spendenaktion machen.

Vergessen Sie nicht, sich bei der Stadtverwaltung zu erkundigen, ob Genehmigungen oder Lizenzen erforderlich sind.

FUNDRAISING-IDEEN

84. READ-A-THON

Ich bin ein großer Fan davon, Kindern Anreize zu geben, mehr zu lesen - und es gibt Unternehmen, die Ihnen bei der Durchführung einer Spendenkampagne helfen können und so ziemlich alles für Sie tun, einschließlich des Versands von Materialien, aber in vielen Fällen kann eine Gebühr anfallen (oder ein Prozentsatz des gesammelten Geldes), also informieren Sie sich bitte über die Einzelheiten.

Wenn Sie selbst etwas organisieren wollen, dann ist das eine machbare Spendenaktion zum Selbermachen. Alles, was Sie brauchen, ist ein Patenschaftsformular, ähnlich wie bei anderen Veranstaltungen, nach Hause zu schicken und die Kinder aufzufordern, Patenschaften für die Anzahl der Bücher zu übernehmen, die sie in einem Monat lesen können.

Dies wäre eine hervorragende Gelegenheit, neue Bücher für die Schulbibliothek zu finanzieren.

Die Kinder müssen über jedes Buch, das sie lesen, Buch führen.

Die Zahlungen können entweder per Scheck oder in bar direkt an die Schule erfolgen.

Vergessen Sie nicht, sich bei der Stadtverwaltung zu erkundigen, ob Genehmigungen oder Lizenzen erforderlich sind.

FUNDRAISING-IDEEN

85. STREICHELZOO

Es gibt viele Unternehmen, die Sie bei der Organisation eines Streichelzoos unterstützen. Sie bringen die Tiere zu Ihnen und helfen Ihnen bei allen Details. Sie brauchen dafür ein Budget, aber Sie können Eintrittskarten verkaufen und Spenden und Sponsoren für zusätzliche Veranstaltungen gewinnen.

Vergessen Sie nicht, sich bei der Stadtverwaltung zu erkundigen, ob Genehmigungen oder Lizenzen erforderlich sind.

FUNDRAISING-IDEEN

86. TAUZIEHEN

Bitten Sie die Schüler Ihrer Schule, Teams zu bilden. Bitten Sie die Teams, eine Startgebühr zu zahlen. Sie brauchen ein großes Seil mit Fahnen und eine Grube, die die Teams trennt. Schaut in eurem örtlichen Baumarkt nach.

Suche nach Sponsoren und Preisen für die Gewinner und für Zusatzveranstaltungen

Vergessen Sie nicht, sich bei der Stadtverwaltung zu erkundigen, ob Genehmigungen oder Lizenzen erforderlich sind.

FUNDRAISING-IDEEN

87. MULTIKULTURELLER TAG

Dies ist eine Abwandlung von Nr. 81, bei der es nicht nur um Essen geht, sondern um eine ganztägige Veranstaltung, für die ein Eintrittsgeld erhoben wird.

Es können Tanzgruppen aus allen Ländern sowie Bands, Musik aus der Konserve oder Live-Musik auftreten, und auch traditionelle Speisen können angeboten werden.

Es ist ein Tag, an dem man feiern und sich mit Menschen aus verschiedenen Kulturen treffen kann und an dem man mehr über seine Gemeinschaft erfährt und die Beziehungen zu ihr stärkt.

Das Feiern der Unterschiede erweitert unseren Horizont und bringt uns einander näher!

Vergessen Sie nicht, sich bei der Stadtverwaltung zu erkundigen, ob Genehmigungen oder Lizenzen erforderlich sind.

FUNDRAISING-IDEEN

88. TWISTER-PARTY

Dieses Spiel kann eine hervorragende Ergänzung zu vielen anderen Veranstaltungen sein.

Bitten Sie die Eltern in Ihrem Newsletter oder online um ein Handzeichen, wenn sie ihr Exemplar von Twister spenden möchten.

Je nach Größe Ihres Veranstaltungsortes können Sie dann festlegen, wie viele Spielbögen untergebracht werden können.

Achten Sie bei der Übergabe der Spiele darauf, dass der Name der Familie festgehalten wird und die Matte usw. in demselben Zustand zurückgegeben werden kann, in dem sie übergeben wurde.

In einigen Runden spielen alle gleichzeitig, in anderen können Teams gegeneinander antreten.

Zwischen den Runden könnten Sie Tombolas und sogar eine stille Auktion veranstalten.

Bei jeder Runde Twister gewinnt die letzte Person, die noch steht, einen Preis.

Verteilen Sie während der Veranstaltung Punkte, so dass die Person, die die meisten Runden gewinnt, die letzte

Person der Twister-Party ist, und vergeben Sie einen entsprechenden Preis.

Bedanken Sie sich bei den Familien, die ihre Twister-Spiele gespendet haben, und geben Sie sie am Ende des Abends (wenn die Familien anwesend sind) oder am nächsten Tag in der Schule oder bei Ihrem nächsten Teamtraining zurück.

FUNDRAISING-IDEEN

89. PARTY KOCHEN

Dies könnte eine kombinierte Veranstaltung mit einem Kuchenverkauf oder einem internationalen Essensfest sein, wenn Ihre Schule oder Ihr Team Zugang zu Kochmöglichkeiten hat, die groß genug sind, damit eine Gruppe zusammenkommen und eine große Vielfalt an Produkten zubereiten kann.

Eine andere Möglichkeit wäre eine "Do-it-yourself"-Spendenaktion, bei der die Familien andere Familien aus der Schule zu sich nach Hause einladen, um ein Abendessen zu veranstalten. Zuvor treffen sie sich und kochen ein Festmahl, das dann später von allen gemeinsam verzehrt wird.

Erkundigen Sie sich, ob jemand einen Profikoch kennt, der Ihrer Schule oder Ihrem Team bei der Mittelbeschaffung helfen möchte. Wer weiß? Einer der Eltern ist vielleicht sogar ein Koch!

Sie könnten zum Beispiel ein Menü zusammenstellen:
- Suppe

- Salat

- Hauptmahlzeit mit einem Glas Wein/Getränk

- Nachspeise.

Berechnen Sie einen Preis pro Person. Dieser Preis kann ziemlich hoch sein, wenn Sie einen echten Koch haben, der das Essen zubereitet und seine Zeit spendet.

Wenn Sie sich dabei nicht wohl fühlen, können Sie um Spenden für Ihre Schule oder Ihr Team bitten.

Vergessen Sie nicht, sich bei der Stadtverwaltung zu erkundigen, ob Genehmigungen oder Lizenzen erforderlich sind.

FUNDRAISING-IDEEN

90.
NICHT-EREIGNIS-VERANSTALTUNG

Alles, was Sie dafür brauchen, ist Ihre Fantasie.

Wählen Sie eine Veranstaltung aus, die Sie gerne durchführen würden, um Geld für Ihre Schule oder Ihr Team zu sammeln, je größer, desto besser, und rechnen Sie dann aus, was es Sie kosten würde (Zeit und Geld), eine solche Veranstaltung durchzuführen. Führen Sie jeden einzelnen Posten auf und geben Sie die Preise an.

Berechnen Sie nun, was es jemanden kosten würde, an Ihrer Veranstaltung teilzunehmen. Beispiele:

- Kauf eines neuen Outfits

- Einstellen eines Babysitters

- Mit dem Taxi nach Hause

- Tickets für die Veranstaltung

- Friseurbesuch/Friseurbesuch

- Eine Maniküre machen lassen/ Nägel machen lassen

- Artikel der Tombola/Stille Auktion.

Berechnen Sie nun eine Schätzung für jeden der oben genannten Posten.

Nun fügen Sie die beiden Listen zusammen und erstellen daraus eine Einladung, die Sie an Großspender verschicken und sie zu Ihrem "Non-Event-Event" einladen.

Wenn Sie in der Lage sind, E-Mail-Adressen zu erhalten und Ihre Nicht-Event-Veranstaltung in einer virtuellen Einladung zu erstellen, dann ist das eine weitere Ausgabe, die Sie einsparen und nun der Liste der Einsparungen hinzufügen können.

Das Wichtigste dabei ist, dass Sie ihnen Geld sparen, indem Sie sie nicht zu der eigentlichen Veranstaltung einladen.

Wenn Sie eine Liste von der anderen abziehen, bitten Sie sie, nachdem Sie ihnen gezeigt haben, wie viel sie gespart haben, dieses Geld an Ihre Schule oder Ihren Verein zu spenden.

Legen Sie Ihrer Einladung einen Coupon bei, den sie ausschneiden und ausfüllen können.

Sie können ihnen dann ein Dankeschön und gegebenenfalls eine Steuerquittung schicken.

Vergessen Sie nicht, sich bei der Stadtverwaltung zu erkundigen, ob Genehmigungen oder Lizenzen erforderlich sind.

UPDATE: PANDEMISCHE PERFEKTION

Diese Veranstaltung ist perfekt für die Pandemiezeit, in der wir derzeit leben. Denken Sie aber daran, dass viele Unternehmen betroffen sind und Ihnen aufgrund von sozialer Distanz und anderen pandemischen Einschränkungen nicht mehr so helfen können wie früher.

FUNDRAISING-IDEEN

91. EIERLAUF

Diese Veranstaltung sollte im Freien stattfinden, um die Unordnung zu minimieren.

Eine lustige, aber chaotische Ergänzung zu anderen Großveranstaltungen.

Der Aufwand ist gering; alles, was man braucht, sind Teams von Spielern, Löffel und natürlich hartgekochte Eier.

Erheben Sie eine Startgebühr für Teams.

Bitten Sie um Spenden für Preise.

Vergessen Sie nicht, sich bei der Stadtverwaltung zu erkundigen, ob Genehmigungen oder Lizenzen erforderlich sind.

FUNDRAISING-IDEEN

92. MESSE FÜR SECOND-HAND-/VINTAGE-KLEIDUNG

Vintage- und Secondhand-Kleidung zu tragen, ist in. Und wenn man sich umschaut, kann man wahre Schätze finden. Warum also diese Modeerscheinung nicht zu einer Spendenaktion machen? Bitten Sie um Spenden in Ihrer Gemeinde. Verteilen Sie Flugblätter, auf denen Sie nicht mehr benötigte, fast neue und frisch gereinigte Kleidung sammeln, um Geld für Ihre Schule oder Ihr Team zu sammeln.

Bitten Sie die Eltern im Newsletter der Schule oder der Mannschaft um eine Spende. Bitten Sie alle Eltern, dafür zu sorgen, dass die Kleidung in einem ausgezeichneten Zustand ist und gereinigt und gegebenenfalls gebügelt wurde. Ich weiß, dass sich das wie eine verrückte Bitte anhört, aber es wird Sie davor bewahren, unbrauchbare Kleidungsstücke aussortieren zu müssen.

Ich empfehle, das Schulgelände für Ihre Spendenaktion zu nutzen, um die Kosten gering zu halten.

Sie brauchen Lagerraum und viel Zeit, um alle Artikel einzeln durchzugehen und zu bewerten.

Schauen Sie online bei renommierten Anbietern nach, um die Preise zu vergleichen. Ja, jeder will und erwartet ein Schnäppchen - aber er wird erwarten, dass er etwas mehr bezahlt, da es sich um eine Spendenaktion handelt.

Schaffen Sie eine einladende Umgebung, in der die Kunden die Kleidung wirklich in Augenschein nehmen können, die Preise im Voraus sehen und sie anprobieren möchten.

UMZUGSRÄUME

Sie werden auch einige Umkleideräume einrichten müssen. Ihr könnt die Leute bitten, die Schultoiletten zu benutzen, oder sie mit Vorhängen und Schienen einrichten.

FUN RUMMAGING

Dinge wie T-Shirts können Sie in eine Kiste werfen, und die Leute werden sich freuen, wenn sie darin stöbern.

Dasselbe gilt für Handtaschen, Schuhe, Krawatten und auch für Schmuck.

KLEIDERHÄNGER

Viele Kleiderbügel vor Ort können auch sehr hilfreich bei der Präsentation von Waren sein. Bitten Sie um Spenden.

FASHION RACKS

Fragen Sie in den örtlichen Geschäften, ob Sie sich einen der Kleiderständer ausleihen können.

Für zusätzliches Geld können Sie Stände an Einzelhändler oder Geschäfte vermieten.

Fügen Sie weitere Elemente wie Essen und Getränke hinzu. Wenn Sie es ganz groß angehen wollen, könnten

Sie sogar eine Modenschau einbauen. Weitere Ideen und Vorschläge finden Sie unter #44.

Vergessen Sie nicht, sich bei der Stadtverwaltung zu erkundigen, ob Genehmigungen oder Lizenzen erforderlich sind.

FUNDRAISING-IDEEN

93. KLASSISCHER FILMABEND

Sehen Sie sich die Vorschläge #24 und #71 an. Für diese Benefizveranstaltung könnten Sie Filmklassiker zu einem bestimmten Thema auswählen, z. B.: Cary-Grant-Filme, Marilyn-Monroe-Filme usw., oder Sie könnten ein bestimmtes Genre wie Komödie, Horror usw. wählen.

Eine andere Möglichkeit wäre, einen Film zu wählen, der zuerst in Schwarz-Weiß gedreht wurde und in jüngerer Zeit neu verfilmt worden ist. Laden Sie Ihre Gäste ein, den Abend damit zu verbringen, beide Filme zu sehen und anschließend darüber zu sprechen.

Sie könnten sogar ein Quiz mit Preisen veranstalten.

Sie könnten Essen, Getränke und andere Spiele einbauen, für die Sie Spenden und Sponsoren suchen sollten, um Ihre Unkosten niedrig zu halten.

Vergessen Sie nicht, sich bei der Stadtverwaltung zu erkundigen, ob Genehmigungen oder Lizenzen erforderlich sind.

"Du gibst nur wenig, wenn du von deinem Besitz gibst. Erst wenn man von sich selbst etwas gibt, gibt man wirklich.

Kahlil Gibran

FUNDRAISING-IDEEN

94. ABEND MIT KÄSE- UND WEINVERKOSTUNG

Eine Partnerschaft mit einer örtlichen Weinkellerei oder Brauerei könnte diese Veranstaltung zu einem lukrativen gesellschaftlichen Ereignis machen.

Eine zweite Partnerschaft mit einem lokalen Käseexperten oder -laden macht dies ebenfalls zu einer guten Kombination für eine Spendenaktion.

Wenn es Ihnen gelingt, einen oder beide dieser Partner einzubeziehen, sollten sie in der Lage sein, Sie in allen Aspekten Ihrer Werbung zu unterstützen.

Fügen Sie weitere geeignete Spendenaktionen aus dieser Liste hinzu, um die Chance zu erhöhen, Ihre Spendenaktion zu optimieren.

Wenn Sie keine Lust auf Wein und Käse haben, können Sie diesen Abend auch in Pizza und Bier verwandeln.

Alternativ könnten Sie eine Veranstaltung mit Virgin Drinks (ohne Alkohol) und Käse organisieren.

Für einen kinderfreundlichen Abend eignen sich auch Pop (Soft Drinks) und Pizza.

Vergessen Sie nicht, sich bei der Stadtverwaltung zu erkundigen, ob Genehmigungen oder Lizenzen erforderlich sind.

FUNDRAISING-IDEEN

95. VERWÖHN-VERANSTALTUNG

Fragen Sie die Eltern, ob sie mit kleinen Unternehmen zusammenarbeiten, die sich auf Maniküre, Pediküre und Massagen spezialisiert haben, ob sie bei einer Spendenaktion mithelfen würden.

Sie würden einen Tag lang ihre Zeit opfern, um Geld für Ihre Schule oder Ihr Team zu sammeln.

Verhandeln Sie mit ihnen über die Bedingungen... Werden sie alle oder einen Teil ihrer Gewinne spenden?

Wenn Sie Ihre Veranstaltung unter ein Motto stellen, wie z. B. einen Mutter-Tochter-Tag oder einen Vater-Sohn-Tag, könnte das sehr gut funktionieren.

Überlegen Sie, ob Sie für Ihr Publikum geeignete Dienstleistungen wie Haarstyling (Schneiden, Schneiden und Föhnen, Flechten usw.) anbieten wollen.

Weitere Ideen, die Sie einbeziehen können, finden Sie unter Idee Nr. 5.

Vergessen Sie nicht, sich bei der Stadtverwaltung zu erkundigen, ob Genehmigungen oder Lizenzen erforderlich sind.

FUNDRAISING-IDEEN

96. MAKE OVER PARTY

Vielleicht haben Sie das Glück, ein Elternteil an Ihrer Schule oder in Ihrem Team zu haben, das ein Experte im Schminken ist und bereit wäre, bei Ihrer Spendenaktion mitzuhelfen.

Wenn nicht, müssen Sie sich mit einem örtlichen Spa oder Salon arrangieren.

Sobald Sie diese Details geklärt haben, könnten Sie Lose für eine Verlosung verkaufen - der Gewinner würde ein komplettes Umstyling gewinnen.

Sie könnten einige der Veranstaltungen aus Nr. 5 und Nr. 95 einbeziehen, aber achten Sie darauf, dass Sie nicht zu viele Male in einem Jahr dieselben Unternehmen (Partner) um Hilfe bitten. Schauen Sie sich immer nach anderen Unternehmen in Ihrer Gemeinde um, die Ihnen helfen können. Es ist ein Gewinn für alle.

Sie könnten um Spenden für andere Preise bitten, so dass es mehr als einen Gewinner geben würde.

Vergessen Sie nicht, sich bei der Stadtverwaltung zu erkundigen, ob Genehmigungen oder Lizenzen erforderlich sind.

FUNDRAISING-IDEEN

97. TOMBOLA

Dies ist wie eine Mystery Prize-Veranstaltung, bei der Menschen Gebote für Gegenstände abgeben, die sie nicht sehen können, um Geld für Ihre Schule oder Ihr Team zu sammeln.

Sie gehen bei der Beschaffung von Spenden so vor, wie wir es in der obigen Liste gesehen haben.

Die Bieterinnen und Bieter riskieren, was in der Schachtel ist, und entscheiden, wie viel sie bieten möchten. Einige bekommen wirklich fantastische, gespendete Preise, andere bekommen kleine oder sogar lustige Preise.

Das Wichtigste ist, dass jeder ein Gewinner ist.

Vergessen Sie nicht, sich bei der Stadtverwaltung zu erkundigen, ob Genehmigungen oder Lizenzen erforderlich sind.

FUNDRAISING-IDEEN

98. FERIEN-TOMBOLA

Verlosungen sind eine hervorragende Ergänzung zu jeder Veranstaltung, aber sie können auch sehr hilfreich sein und sind für jeden Feiertag leicht zu organisieren.

Der Vorteil ist, dass sich die meisten Menschen auf genau dasselbe Ereignis freuen und es feiern, aber lassen Sie sich davon nicht abhalten. Wenn Sie eine Tombola veranstalten und Ihren eigenen Feiertag oder Ihr eigenes Ereignis kreieren wollen, nur zu.

Bevor Sie Ihre Tombola veranstalten können, müssen Sie einige Preise spenden lassen. Je größer und je mehr Preise, desto besser.

Am besten ist es, wenn Sie die Eintrittskarten mit einer Vorlage, die Sie im Internet finden, erstellen und ausdrucken.

Achten Sie darauf, dass Sie den Namen und die Adresse aller Ticketkäufer notieren und den Abriss des Tickets in Ihrem Buch für die Unterlagen aufbewahren.

Die Verlosung sollte an einem vereinbarten öffentlichen Ort stattfinden, und die Gewinner sollten unverzüglich benachrichtigt und die Preise ausgehändigt oder abgeholt werden.

Vergessen Sie nicht, sich bei der Stadtverwaltung zu erkundigen, ob Genehmigungen oder Lizenzen erforderlich sind.

FUNDRAISING-IDEEN

99. GUMMI-ENTEN-RENNEN

Hierfür braucht man keinen Fluss in der Nähe. Man könnte ein paar kleine Plastikschwimmbecken für Kinder aufstellen, und es würde gut funktionieren.

Ihr müsstet einige Gummienten im Supermarkt oder in einem Spielzeugladen kaufen. Wie viele, hängt davon ab, wie viele Preise Sie gespendet bekommen können.

Erstellen Sie eine Liste mit allen Preisen.

Wähle eine Ente und schreibe eine Zahl darauf.

Derjenige, der die Ente wählt, gewinnt den Preis, der der Zahl entspricht.

Sobald Sie die Enten mit Nummern versehen haben, können Sie sie bei der Veranstaltung zu Wasser lassen, und die Leute können sich ihre eigene Ente aussuchen.

Achten Sie darauf, dass Sie einen Marker verwenden, der sich im Wasser nicht ablöst.

Sie können diese Aktion regelmäßig durchführen, wenn sie gut funktioniert; machen Sie sich also keine Sorgen, dass das Schreiben auf den Enten sie verderben könnte.

Vergessen Sie nicht, sich bei der Stadtverwaltung zu erkundigen, ob Genehmigungen oder Lizenzen erforderlich sind.

FUNDRAISING-IDEEN

100. SPIELEABEND

Genau wie #53, aber nur nachts, und diesmal kann man eine Reihe von Spielen oder ein bestimmtes Thema anbieten, je nachdem, welche Spiele in der Gemeinschaft beliebt sind.

Schauen Sie sich die anderen Fundraising-Ideen auf der Liste an, um weitere nächtliche Veranstaltungen und Zusatzangebote zu finden, mit denen Sie Ihre Fundraising-Möglichkeiten maximieren können.

Vergessen Sie nicht, sich bei der Stadtverwaltung zu erkundigen, ob Genehmigungen oder Lizenzen erforderlich sind.

FUNDRAISING-IDEEN

101. TÜRPREISE & VERLOSUNGEN

Eine ausgezeichnete Möglichkeit, zusätzliche Mittel zu beschaffen, wenn die Leute ihre Eintrittskarten für Ihre Veranstaltung kaufen, ist die Durchführung von Verlosungen für Gegenstände, die als Spenden eingegangen sind.

Alternativ können Sie auch bestimmte Gegenstände als Türpreise aussuchen, z. B. Reisen, Urlaube, Hotelaufenthalte, Ferienhäuser usw. Diese Gegenstände sind in der Regel eine Menge Geld wert; die Versuchung, ein Los zu kaufen mit der Aussicht, mindestens einen dieser Preise zu gewinnen, würde den Abend also noch spannender machen.

Bei dieser Gelegenheit können Sie Ihre Gäste auch bitten, ihre Namen, Adressen und Telefonnummern aufzuschreiben, damit Sie sie anrufen können, falls sie gewinnen (und nicht anwesend sind).

Wenn Sie möchten, können Sie auch unser Gewinnspiel veranstalten, bei dem der Gewinner bei Ihrer Veranstaltung anwesend sein muss, um zu gewinnen.

Es hat zwar Vorteile, eine Liste mit Namen und Adressen zu erstellen, aber wenn es sich um eine interne Veranstaltung (in Ihrer Schule oder mit Ihrem Team) handelt, stehen Ihnen diese Informationen höchstwahrscheinlich bereits zur Verfügung.

Erstellen Sie eine Liste, die Sie für die Kommunikation (mit Zustimmung des Schulleiters oder Trainers) mit potenziellen Freiwilligen, anderen Veranstaltungsteilnehmern usw. verwenden können.

Vergessen Sie nicht, sich bei der Stadtverwaltung zu erkundigen, ob Genehmigungen oder Lizenzen erforderlich sind.

FUNDRAISING-IDEEN

102. LOKAL UND UNTERNEHMEN GESCHÄFTSESSEN/MITTAGESSEN

Ganz gleich, ob Sie für eine Schule oder ein Team Spenden sammeln, die Eltern der Kinder haben Verbindungen zu lokalen Unternehmen und Firmen.

Dies könnte eine Gelegenheit für Sie sein, eine Fundraising-Veranstaltung zu organisieren und diesen Unternehmen die Möglichkeit zu geben, Kontakte zu knüpfen und sich in einem professionellen Forum kennen zu lernen.

Wenn Sie Spenden für eine Schule sammeln, könnte dies eine Zusatzveranstaltung zu einer "Was willst du werden, wenn du groß bist"-Aktion sein.

Die Unternehmen könnten eine Gebühr für das Mittagessen bezahlen und dann einen Stand aufbauen. Die Kinder könnten herausfinden, was die verschiedenen Unternehmen tun. Sie könnten einige der Unternehmen bitten, darüber zu sprechen, was sie tun und warum es wichtig ist.

Dies birgt die Möglichkeit, einen Stipendienfonds einzurichten und/oder Großspenden und Sponsoren für eine Partnerschaft zu gewinnen.

Vergessen Sie nicht, sich bei der Stadtverwaltung zu erkundigen, ob Genehmigungen oder Lizenzen erforderlich sind.

FUNDRAISING-IDEEN

103. PARTNERSCHAFT MIT EINER ANDEREN WOHLTÄTIGKEITSORGANISATION ODER GRUPPE

Sie sammeln zwar Geld für die Schule oder die Mannschaft Ihres Kindes, aber Sie sind Teil einer größeren Gemeinschaft, und wenn Sie zusammenarbeiten, können Sie auch anderen helfen, ihre Ziele zu erreichen.

Das erweitert auch den Spielraum Ihrer Kinder, und wenn sie heranwachsen, werden Sie ihnen eine unschätzbare Lektion erteilen.

Es ist eine Win-Win-Situation - Vernetzung und Bündelung von Ressourcen.

Vergessen Sie nicht, sich bei der Stadtverwaltung zu erkundigen, ob Genehmigungen oder Lizenzen erforderlich sind.

INSPIRATION

"Gut zu sein ist lobenswert, aber nur wenn es mit dem Tun des Guten verbunden ist, ist es nützlich."
Stephen King
"Tu dein kleines bisschen Gutes, wo du bist; es sind diese kleinen Stücke des Guten, die zusammengenommen die Welt überwältigen."
Desmond Tutu
"Wenn du dich selbst aufrichten willst, richte jemand anderen auf".
Booker T. Washington

INSPIRATION

"Der beste Weg, sich selbst zu finden...
ist es, sich selbst zu verlieren
im Dienste der anderen".
M. Gandhi
"Die hartnäckigste und dringlichste Frage des Lebens
lautet:
Was tun Sie für andere?"
Martin Luther King

DANKSAGUNGEN

Ich möchte diese Gelegenheit nutzen, um allen Eltern zu danken, die mich im Laufe der Jahre bei allen Veranstaltungen unterstützt haben.

Ohne Sie hätte ich das nicht geschafft!

Ich danke meinen Mentoren (Sie wissen, wer Sie sind) für ihre Ermutigung, ihr Vertrauen und ihren Glauben an mich.

Ich verlasse Sie mit diesen weisen Worten von Henry Ford:

"Zusammenkommen ist ein Anfang. Zusammenbleiben ist ein Fortschritt.

Gemeinsam ist man erfolgreich."

Ich wünsche Ihnen viel Erfolg und hoffe, dass dieses Buch Ihnen auf Ihrem Weg hilft.

Alles Gute, Cathy McGough

INSPIRATION

"Teamarbeit ist die Fähigkeit, zusammenzuarbeiten.
auf eine gemeinsame Vision hin. Die Fähigkeit, die
Leistungen des Einzelnen auf die Ziele der Organisation
auszurichten.
Es ist ein Treibstoff, der es gewöhnlichen Menschen
ermöglicht, ungewöhnliche Ergebnisse zu erzielen.
Andrew Carnegie
"Das Wunder ist nicht, dass wir diese Arbeit machen,
aber dass wir es gerne tun."
Mutter Teresa

INSPIRATION

"Was immer wir erreichen, gehört zu unserem
Das ist eine Anerkennung für unsere gemeinsamen
Anstrengungen.
Walt Disney
"Wer etwas kann, tut es.
Diejenigen, die mehr tun können, melden sich freiwillig".
Autor Unbekannt
"Ich kann keine andere Antwort geben,
sondern DANKE und DANKE."
William Shakespeare

ÜBER DEN AUTOR

Cathy lebt und schreibt in Ontario, Kanada, mit ihrem Mann, ihrem Sohn, ihren zwei Katzen und einem Hund. Wenn Sie mit Cathy in Kontakt treten möchten, um Fragen zur Mittelbeschaffung zu stellen, senden Sie ihr bitte eine E-Mail an:
cathy@cathymcgough.com.
Cathy liebt es, von ihren Lesern zu hören!
Vielen Dank für die Lektüre - gehen Sie jetzt raus und sammeln Sie Spenden!

ANDERE BÜCHER BY CATHY

Bücher auf Deutsch:
YA
E-Z Dickens Superhelden (Books 1-4)
Für Kinder
Sprung-Serie
SPRINGEN UND IHNEN FROHE WEIHNACHTEN
WÜNSCHEN!
SPRINGE WIE EIN KÄNGURU!
SPRINGE UND SAG BOO!
SPRINGEN SIE IN DEN ZOO!
SPRINGE WIE EIN KARIBU!